DIE GESCHICHTE FÜR TEENS

Die Bibel als fortlaufende Geschichte Gottes mit uns

Randy Frazee / Fred Ritzhaupt

Verlagsgruppe Random House FSC-DEU-0100
Das für dieses Buch verwendete FSC®-zertifizierte Papier
Enso Classic 95 liefert Stora Enso, Finnland.

Das amerikanische Original erschien unter dem Titel
„The Story for Kids".
Veröffentlicht mit freundlicher Genehmigung von Zondervan,
Grand Rapids, Michigan, USA. Alle Rechte vorbehalten.

Originally published in the USA under the title:
„The Story for Kids".
Published by permission of Zondervan, Grand Rapids, Michigan,
USA. All rights reserved.

© 2008, 2011 by Zonderkidz
© 2013 der deutschen Ausgabe by Gerth Medien GmbH, Asslar,
in der Verlagsgruppe Random House GmbH, München
Übersetzung der biblischen Texte des Alten und Neuen Testaments
sowie der Zwischentexte: Fred Ritzhaupt
Überarbeitung: Sarah Thielmann, Lennart Melzer,
Madita Scheunemann
Lektorat: Nicole Schol

1. Auflage 2013
Bestell-Nr. 816767
ISBN 978-3-86591-767-6

Umschlaggestaltung: Michael Wenserit; Extra Credit Projects
Satz: Die Feder GmbH, Wetzlar
Druck und Verarbeitung: CPI – Ebner & Spiegel, Ulm
Printed in Germany
Nachdruck, auch auszugsweise, nur mit Genehmigung des Verlages.

Wo finde ich was?

Vor dem Gebrauch lesen 9

Kapitel 1: Der Anfang vom Anfang
Viel mehr als ein hirnloser Big Bang 11

Kapitel 2: Gott begründet eine Nation
Ein „unmöglicher" Start 21

Kapitel 3: Vom Gefängnis zum Palast
Wenn Gott auf krummen Zeilen gerade schreibt 27

Kapitel 4: Befreiung
„Let my people go" 35

Kapitel 5: Neue Gebote und ein neuer Bund
Großes Kino am Gottesberg 45

Kapitel 6: Wüste Wanderung
40 Jahre Frust, Durst und Wunder 49

Kapitel 7: Der Kampf beginnt
Das glorreiche, dunkle Kapitel der „Landnahme" 55

Kapitel 8: Einige gute Männer ... und Frauen
Wenn Richter zu Feldherren werden 59

Kapitel 9: Der Glaube einer Fremden
Wie der Urgroßvater Davids zu seiner Mutter kam 63

Kapitel 10: Königswahl wider besseres Wissen
„Wir wollen auch, was die anderen haben!" 69

Kapitel 11: Vom Hirten zum König
Cool und mutig, dieser David 77

Kapitel 12: Mehr als ein Skandal
Nobody is perfect – nicht mal ein David............. 83

Kapitel 13: Märchenkönig ohne Happy End
*Erst weise wie keiner und dann doch ziemlich
beschränkt* 89

Kapitel 14: Wenn Arroganz das Sagen hat
Dummheit und Stolz wachsen auf einem Holz 97

Kapitel 15: Gottes Botschafter
*Für die Wahrheit einzustehen ist manchmal
lebensgefährlich – nicht nur damals* 101

Kapitel 16: Ein Volk manövriert sich ins Aus
Ohren zu und ab durch die Mitte – ins Exil......... 111

Kapitel 17: Ein Königreich zerbricht
*Warum wählt der Mensch nur zu gerne das,
was ihn ruiniert?*................................ 117

Kapitel 18: Daniel im Exil
Neid und Eifersucht können tödlich sein 125

Kapitel 19: Das Wunder der Rückkehr
*Ein heidnischer Herrscher erhält von Gott
Anweisungen* 131

Kapitel 20: Die Königin der Schönheit und des Mutes
König sucht Frau 139

Kapitel 21: Zweiundfünfzig Tage Zittern und Schuften
*Eine gewaltige Bauleistung unter ständiger
Bedrohung* 145

Kapitel 22: Ein König für die ganze Welt
*Der angekündigte Nachkomme Davids,
dessen Herrschaft nie mehr endet* 151

Kapitel 23: Jesus
Der Mann, der in kein Schema passt 161

Kapitel 24: Mehr als ein Mensch?
*Wer war Jesus wirklich? Was sagten sein Reden
und seine Taten über ihn?* 171

Kapitel 25: Jesus, Sohn Gottes
*Das Größte, Wertvollste, Umstrittenste,
was man je über einen Menschen gesagt hat* 185

Kapitel 26: Dunkelheit und Entsetzen
*Die schwärzesten Stunden der
Menschheitsgeschichte* 197

Kapitel 27: Die Auferstehung Jesu
In dieser Nacht hat der Tod für immer verloren 209

Kapitel 28: Ein neuer Anfang
Was Gottes Geist mit einer Handvoll Leute bewirken kann 215

Kapitel 29: Die Mission des Paulus
Statt jüdischer Splittergruppe – eine Weltreligion 225

Kapitel 30: Mission in Ketten
Verfolgung, Gefängnis und Folter begleiten von Anfang an die Verkündigung des Evangeliums 235

Kapitel 31: Das Ende der Zeit
Ein verwirrender Blick in eine neue Welt 245

Vor dem Gebrauch lesen

„Hallo, das kenne ich doch alles schon! Die Sache mit Adam und Eva, den alten Noach und seine Arche, David, wie er Goliat killt ... Die Geschichten habe ich doch schon in der Grundschule mitbekommen. Aber jetzt noch mal das Ganze??"

Wetten, dass du diese „größte Geschichte der Menschheit" kennst und doch nicht kennst? Dieses Buch ist wirklich noch mal etwas anderes als alles, was du bisher als Bibel in der Hand gehabt hast. Es ist eine Bibel, sie sieht aus wie ein Roman, liest sich wie ein Roman, ist aber eine Geschichte, die so wirklich ist wie du, der sie gerade liest.

Und darum geht es: Weil es Gottes Geschichte mit uns Menschen ist, ist es auch seine Geschichte mit dir. Weißt du, was toll wäre? Wenn du dich, nachdem du auch das letzte Kapitel gelesen hast, hinsetzt und anfängst, die Geschichte Gottes mit dir zu schreiben. Welche von den Personen, die in dieser Geschichte auftritt, ist dir am ähnlichsten? Gideon, der sich nach allen Richtungen absichert, David, zwar klein, aber innerlich ein Riese, Rut, treu bis zum Gehtnichtmehr, Ester, die echt alles riskiert, wenn es um etwas Größeres geht, oder Petrus, dessen Zunge schneller war als seine kleinen grauen Zellen? Du wirst selbst sehen: „Die Geschichte" ist keine Bibel, wie du sie vielleicht kennst, sondern eine Riesenchance, schon in deinem Alter den „roten Faden" im Buch der Bücher zu entdecken. Wir beten dafür, dass dir das gelingt. Denn dann steht ein echtes Abenteuer bevor: das Abenteuer eines Lebens mit Gott.

Kapitel 1
Der Anfang vom Anfang

Viel mehr als ein hirnloser Big Bang

Am Anfang schuf Gott Himmel und Erde. Die Erde war noch völlig formlos und leer. Dunkelheit lag über der Oberfläche des Meeres, das zu dieser Zeit die Erde bedeckte. Nur der Geist Gottes schwebte schon über den Fluten.

Gott sprach: „Es werde Licht." Und es wurde Licht. Gott sah, dass das Licht gut war, und trennte das Licht von der Dunkelheit. Gott nannte das Licht „Tag" und die Dunkelheit „Nacht". Es wurde Abend und wieder Morgen. Das war der erste Tag.

Dann sagte Gott: „Es soll ein großer Raum zwischen den Fluten sein. Dieser soll Wasser von Wasser trennen." Und genau so geschah es. Gott schuf den großen Raum zwischen den Fluten. Er trennte das Wasser, das darunter war, von dem, das darüber war. Den großen Raum nannte Gott „Himmel". Es wurde Abend und wieder Morgen. Damit war der zweite Tag vorbei.

Nun sprach Gott: „Das Wasser unterhalb des Himmels soll an einer Stelle zusammenfließen. Trockener Grund soll erscheinen." Und genau das passierte. Gott nannte den trockenen Grund „Land" und die gesammelten Wassermassen „Meer". Und als Gott sich alles anschaute, sah er, dass es gut war.

Dann sagte Gott: „Das Land soll Pflanzen hervorbringen, die ihren eigenen Samen tragen sollen. Und auch Bäume sollen auf dem Land wachsen, die Früchte mit eigenen Samen tragen." Und genau das geschah. Es wurde Abend und wieder Morgen. Der dritte Tag war damit vorbei.

Gott sprach: „Im großen Raum des Himmels sollen Lichter entstehen, die den Tag von der Nacht trennen sollen. Mit ihrer Hilfe soll man die Jahreszeiten, die Tage und auch die Jahre unterscheiden können. Sie sollen als Lichter am Himmel der Erde Licht spenden." Und so geschah es. Gott schuf zwei große Lichter. Das größere Licht schuf er, damit es über den Tag herrscht. Das kleinere Licht schuf er, damit es über die Nacht herrscht. Außerdem schuf er noch unzählige Sterne. Gott schaute sich alles an und sah, dass es gut war. Und es wurde Abend und wieder Morgen. Der vierte Tag.

Jetzt sagte Gott: „Die Meere sollen mit Lebewesen gefüllt sein und Vögel sollen über die Erde fliegen." Gott schuf also die Lebewesen der Meere. Er schuf alles, was sich im Wasser und in der Luft bewegt. Und Gott sah, dass es gut war.

Da segnete Gott sie und sagte: „Seid fruchtbar und vermehrt euch. Füllt die Wasser der Meere. Und ihr Vögel, bevölkert den Himmel immer mehr."

Es wurde Abend und wieder Morgen. Damit war der fünfte Tag vorbei.

Jetzt sprach Gott: „Das Land soll alle Arten von lebenden Geschöpfen hervorbringen. Es soll Herden großer

Tiere geben, dann Lebewesen, die auf dem Boden herumkrabbeln, und wilde Tiere. Es soll alle Arten davon geben." Und genau so geschah es. Wieder schaute Gott sich alles an und sah, dass es gut war.

Dann sprach Gott: „Lasst uns den Menschen erschaffen – der uns ähnlich sein soll. Er soll über die Fische im Meer und die Vögel in der Luft herrschen und auch über alle Lebewesen, ja, die ganze Erde." So erschuf Gott den Menschen nach seinem Bild. Er machte ihn Gott ähnlich und schuf ihn als Mann und Frau.

Gott segnete sie und sagte zu ihnen: „Habt Kinder und vermehrt euch. Bevölkert die Erde, und kümmert euch um sie, auch um die Fische im Meer und die Vögel am Himmel. Herrscht über jedes Tier, das auf Erden lebt."

Dann sprach Gott: „Ich sorge für eure Nahrung. Viele Grünpflanzen könnt ihr essen und zahllose Früchte, die auf Bäumen wachsen, ebenfalls. Auch die Fische, die Landtiere und Vögel können euch als Nahrung dienen." Und so geschah es. Gott sah sich alles an, was er erschaffen hatte. Und es war sehr gut. Es wurde Abend und es wurde Morgen: Der sechste Tag war vorüber.

Himmel und Erde und alles, was sich darin und darauf befand, waren vollendet.

Am siebten Tag hatte Gott sein Werk fertiggestellt und ruhte von der Arbeit aus. Darum ist bis heute der siebte Tag der Woche gesegnet, und auch die Menschen sollen diesen Tag heiligen, indem sie ihre Arbeit ruhen lassen.

Gott überließ den Menschen seinen Garten Eden, damit sie ihn nach ihren Vorstellungen bearbeiten konnten. Er gab ihnen nur ein einziges Gebot: „Ihr könnt die Früchte von jedem Baum essen, der hier im Garten steht. Aber die Frucht eines Baumes dürft ihr nicht essen: vom Baum der Erkenntnis von Gut und Böse. Wenn ihr es doch tut, wird eure Lebenszeit begrenzt sein."

Die Schlange war jedoch ein ausgesprochen gerissenes Tier und sprach zu der Frau: „Hat Gott wirklich gesagt, dass ihr die Früchte der Bäume im Garten nicht essen dürft?"

Daraufhin erwiderte die Frau: „Wer sagt denn so was? Natürlich dürfen wir die Früchte von allen Bäumen essen, die hier im Garten wachsen. Mit einer einzigen Ausnahme: Vom Baum in der Mitte des Gartens sollen wir die Finger lassen. Dann wäre es mit unserem bisherigen Leben vorbei."

„Und ihr glaubt so was?!", entgegnete die Schlange. „Gott weiß ganz genau, was passiert, wenn ihr von der Frucht dieses Baumes esst! Ihr werdet Dinge wissen, die euren Horizont weit übersteigen. Und ihr werdet praktisch wie Gott sein, weil ihr dann ja den Unterschied zwischen Gut und Böse kennt."

Da spielte die Frau mit dem Gedanken, die Frucht vielleicht doch einmal zu probieren. Sie sah ja auch zu lecker aus. Und Weisheit könnte sie allemal gut gebrauchen. Also pflückte sie die Frucht und biss hinein. Sie gab ihrem Mann, der bei ihr war, ebenfalls etwas davon, und auch er ließ es sich schmecken. Und tatsächlich bemerkten sie plötzlich Dinge, die sie vorher gar nicht wahrgenommen hatten. Zum Beispiel, dass sie gar nichts anhatten. Und das war ihnen wirklich peinlich! Also knüpften sie sich aus Blättern eine Art Lendenschurz.

Dann hörten sie, wie Gott durch den Garten spazierte, denn es war die angenehmste Zeit des Tages. Daraufhin versteckten sie sich zwischen den Bäumen im Garten vor Gott. Aber Gott, der Herr, rief nach den Menschen.

„Wo seid ihr?", fragte er.

„Ich habe gehört, wie du durch den Garten gegangen bist", antwortete der Mann. „Ich schäme mich, weil ich nackt bin, und habe mich deshalb versteckt."

„Wer hat dir denn gesagt, dass du nackt bist? Hast du von der Frucht des Baumes gegessen, von der zu essen ich euch verboten hatte?"

Der Mann antwortete ausweichend. „Die Frau, die du mir an die Seite gestellt hast, ist schuld daran. Sie hat mir etwas von der Frucht des Baumes gegeben, und ich habe diese gegessen."

Da wandte sich Gott an die Frau. „Stimmt das?"

Auch die Frau hatte eine Ausrede parat. „Die Schlange hat mich reingelegt. Deshalb habe ich die Frucht gegessen."

Da sprach Gott zu der Schlange, die ein Symbol für Satan selbst war: „Weil du das getan hast, lege ich einen Fluch auf dich. Du wirst auf dem Boden kriechen und für den Rest deiner Tage Staub fressen. Zwischen der Frau und dir wird es nur Kampf geben. Deine Kinder und ihre Kinder werden Feinde sein. Ihr Sohn wird deinen Kopf zerschmettern und du wirst nach seiner Ferse schnappen."

Zu der Frau sagte er: „Du wirst ziemlich große Schmerzen haben, wenn du ein Kind zur Welt bringst. Und doch wirst du dich nach deinem Mann sehnen. Er aber wird über dich bestimmen."

Dann wandte sich Gott, der Herr, an den Menschen[*]: „Du hast auf deine Frau gehört und von der Frucht des Baumes gegessen, obwohl ich euch gesagt hatte, dass ihr

---

[*] Im Hebräischen heißt „Mensch" *Adam*.

es nicht tun sollt. Weil du deinen eigenen Kopf durchgesetzt und mein Gebot missachtet hast, wird nichts mehr so sein wie bisher: Von jetzt an wirst du alle Tage deines Lebens hart arbeiten müssen. Du wirst schuften und viel schwitzen müssen, um deine Familie und dich ernähren zu können. Du bist aus Erde gemacht, und wenn du stirbst, wirst du auch wieder zu ihr zurückkehren."

Adam nannte seine Frau „Eva", was „Mutter aller Lebenden" bedeutet.

Gott nähte aus Tierfellen für Adam und seine Frau Kleidung, die sie tragen konnten. Und er sagte tatsächlich: „Jetzt ist der Mensch wie einer von uns geworden. Er kann jetzt den Unterschied zwischen Gut und Böse erkennen. Er ist ein freies Geschöpf, das aber unter seiner Freiheit viel zu leiden haben wird."

Dann schickte Gott die Menschen aus dem Garten Eden hinaus, damit sie den Boden bearbeiten konnten, aus dem sie gemacht waren. Er stellte dann Engel mit flammenden Schwertern an den Eingang des Gartens, um Adam und Eva davon abzuhalten, zurückzukehren und vielleicht noch die Frucht vom Baum des Lebens zu essen.*

Im Laufe der Zeit bekamen Adam und Eva Söhne und Töchter. Später bekamen ihre Kinder eigene Kinder. Nachdem Adam und Eva angefangen hatten, ihren eigenen Kopf durchzusetzen, taten es auch alle ihre Nachkommen – und so wurde das Leben auf der Erde von Generation zu Generation immer schlimmer.

---

* In der damaligen Vorstellung bedeutete der „Baum des Lebens" ewiges, göttliches Leben. Das allerdings kann sich keiner selbst holen, das muss man sich schon schenken lassen …

Gott sah, dass die Menschen sich das Leben auf der Erde selbst zur Hölle machten. Sie gebrauchten ihre kostbare Freiheit nur noch dafür, sich immer noch gemeinere Sachen auszudenken. Gott war sehr traurig darüber, dass die Menschen ihre Freiheit so missbrauchten. Er dachte darüber nach, noch einmal ganz von vorne anzufangen – mit einer Familie, die sich bewährt hatte.

Und die fand er in Noachs Clan.

Noach war ein durch und durch guter Mensch und bereits 600 Jahre alt, als die Flut kam. Er war anders als der Rest der Menschheit seiner Zeit, denn er hatte eine Beziehung zu Gott. Seine Familie bestand aus seiner Frau und seinen drei Söhnen Sem, Ham und Jafet, die alle schon verheiratet waren.

Gott trug Noach Folgendes auf: „Baue eine Arche aus Zypressenholz, mit mehreren Ebenen und Abteilungen. Verputze die Schiffswände innen und außen mit Pech. Und hier sind die Maße, die du einhalten solltest: Die Länge soll 135 Meter betragen, die Breite 22,5 Meter und die Höhe 13,5 Meter. Das ganze Schiff muss überdacht sein. Lass ringsherum zwischen Dach und Rumpf einen halben Meter offen. Baue auch in eine Seite am Rumpf eine große Luke ein.

Ich werde eine Flut über die Erde schicken und alles Leben unter dem Himmel zerstören. Alle Menschen werden sterben.

Aber mit dir werde ich einen Bund schließen. Du und deine Familie, deine Frau, deine Söhne und deine Schwiegertöchter werden dann in die Arche gehen. Nimm von jedem Lebewesen jeweils ein Männchen und ein Weibchen mit in die Arche. Zwei von jeder Vogelart, zwei von jeder Tierart und alles, was auf dem Boden herumkrabbelt, kommt auch noch mit ins Schiff. Sie alle werden mit euch am Leben bleiben.

Nimm auch alle Arten von Nahrung, die ihr brauchen werdet, mit in die Arche. Lagere das Futter und die Lebensmittel gut, denn dieser Proviant wird für lange Zeit eure Nahrung sein."

Noach tat genau das, was Gott ihm befohlen hatte.

Dann sagte der Herr zu Noach: „Es ist so weit! Geh mit deiner ganzen Familie in die Arche."

Als Noachs Familie und alle Tiere sicher in der Arche waren, verschloss Gott die Tür. Vierzig Tage lang stieg das Wasser immer höher und hob dabei die Arche an. So wurde sie schließlich von den Wassermassen weggetragen.

Das Wasser auf der Erde stieg so lange an, bis es sogar die höchsten Gipfel wenigstens sieben Meter bedeckte. Das war das Ende für alle Lebewesen auf der Erde. Und kein Mensch hat diese gewaltige Flut überlebt.

Hundertfünfzig Tage lang bedeckte das Wasser die Erde. Doch Gott hatte Noach und all die vielen Tiere nicht einen Moment lang vergessen. Nachdem er den Regen abgestellt und alle unterirdischen Wasserquellen verschlossen hatte, ließ er einen starken Wind aufkommen. Ganz langsam begann sich der Wasserspiegel zu senken. Es dauerte viele Wochen, bis die ersten Berge wieder aus den Fluten auftauchten. Und weitere Wochen darauf setzte die Arche am Berg Ararat auf. Noach war sich aber nicht sicher, ob seine Familie und die vielen Tiere die Arche wirklich schon verlassen konnten, und so schickte er eine Taube los. Die konnte sich aber noch nirgendwo niederlassen und so kam sie zum Schiff zurück. Eine Woche später versuchte Noach es noch einmal. Da trug der Vogel dann im Schnabel einen frischen Ölbaumzweig, als er zurückkam. Aber Noach wollte ganz sichergehen und wartete noch einmal eine Woche. Wieder musste die Taube auf Erkundung gehen, ähm, fliegen. Doch sie kam nicht zurück, was ein Zeichen dafür war, dass es auf der Erde trockenes Land gab.

Da sprach Gott Noach direkt an: „Verlasst die Arche, und lasst die Tiere frei, damit sie sich rasch vermehren und sich auf der ganzen Erde ausbreiten können."

Also verließen Noach, seine Frau und seine drei Söhne zusammen mit deren Frauen nach fast einem Jahr die Arche. Auch alle Tiere strömten ins Freie.

Daraufhin baute Noach einen Altar, um Gott zu ehren und ihm zu danken. Gott segnete ihn und seine Söhne und er trug ihnen auf: „Seid fruchtbar und vermehrt euch, erfüllt die ganze Erde mit Leben! Alle Tiere auf dem Land, in der Luft und im Meer werden vor euch Respekt haben. Alle Lebewesen habe ich in eure Hand gegeben. Ihr sollt sie als ihre Herren nutzen, aber auch beschützen.

Ich schließe nun einen Bund mit euch und allen euren Nachkommen: Nie wieder werde ich das Leben auf dieser Erde auslöschen. Mein Bund gilt für dich und alle deine Nachkommen und er wird für alle Zeiten gültig sein.

Und das ist das Zeichen meines Bundes mit euch: Ich setze einen Bogen in die Wolken. Wenn du und ich ihn sehen, werden wir uns immer wieder an diesen Bund erinnern, der für immer feststeht."

Nach der Flut waren Noach und seine Familie die einzigen Menschen auf dieser Welt. Aber sie vermehrten sich schnell und nach einigen Generationen gab es schon wieder Tausende und Abertausende von Menschen.

Kapitel 2
Gott begründet eine Nation

Ein „unmöglicher" Start

Abram und seine Frau Sarai lebten in Haran, einer wichtigen Handelsstadt an einem Nebenfluss des Eufrat. Gott wollte mit diesem Ehepaar etwas Neues beginnen: Er wollte ein Volk begründen, das in besonderer Weise zu ihm gehören würde. Er liebte Abram und wollte ihn mit unzähligen Nachkommen segnen. Doch Abram und Sarai waren schon richtig alt, konnten also gar keine Kinder mehr in die Welt setzen. Sarai war schon ewig, wie man sagt, unfruchtbar. Was konnte also aus dem Versprechen werden, beide zu Eltern eines riesigen Volkes zu machen? Gott gab ihnen zu verstehen: „Lasst das nur meine Sorge sein!"

Doch zuvor erwartete Gott von Abram: „Verlasse dein Land und dein Volk, ja, die ganze Familie deines Vaters, und geh in das Land, das ich dir zeigen werde!
 Ich werde dich zu einem großen Volk machen und dich segnen. Alle Völker werden großen Respekt vor dir haben! Ich werde die segnen, die dich segnen, und die verfluchen, die dich verfluchen. Durch deine Nachkommen werden alle Menschen auf dieser Erde gesegnet sein."

Also verließ Abram im Alter von fünfundsiebzig Jahren das Zweistromland – das Land zwischen den Flüssen Eufrat und Tigris –, genauso, wie Gott es ihm aufgetragen hatte. Begleitet wurde er dabei von seinem Neffen Lot. Abram nahm alles mit, was er und seine Familie in Haran erworben hatten, auch die Knechte und Mägde, die in Haran für ihn gearbeitet hatten. Ihr Treck zog in Richtung Kanaan, wo sie schließlich nach langer Zeit ankamen.

Abram vertraute Gott und darum folgte er auch seinem Auftrag. Gott hatte ihn in eine Gegend gerufen, die erst später seinen Nachkommen gehören sollte. Er ging einfach los, obwohl er nicht einmal wusste, wohin die Reise eigentlich gehen sollte.

Sein Neffe Lot begleitete ihn nicht nur, auch er hatte seinen gesamten Besitz, alle Herden und Reittiere mitgenommen, dazu noch alle Knechte. Irgendwann merkten beide jedoch, dass die Gegend nicht genügend Futter für alle ihre Tiere hergab. Sie mussten sich also trennen.

Nachdem Lot sich für ein anderes Gebiet entschieden hatte, sprach Gott eines Tages zu Abram: „Schau dich doch einmal um – schau nach Norden und Süden, nach Westen und Osten! Ich werde dir und deinen Nachkommen dieses Land geben, das du jetzt siehst. Und ich werde deine Nachkommen so zahlreich machen wie die Sandkörner am Meeresstrand. Zieh ruhig längs und quer durch dieses Land, damit du siehst, wie groß es ist und was ich dir geben möchte."

Also zog Abram in das Land hinein und schlug seine Zelte in der Nähe der großen Eiche von Mamre bei Hebron auf. Hier baute er einen Altar zur Ehre Gottes.

Einige Zeit später hatte Abram eine Vision, in der Gott

zu ihm sagte: „Abram, hab keine Angst, ich bin dein Schutzschild. Und ich werde dich reich belohnen."

Doch Abram erwiderte: „Herr und Gott, was kannst du mir schon geben? Ich habe immer noch keine eigenen Kinder, und wenn ich mal tot bin, wird mein persönlicher Diener Eliëser, der aus Damaskus stammt, alles erben." Doch Abram hatte seinem Ärger noch nicht genug Luft gemacht: „Du hast mir nicht ein einziges Kind geschenkt! Ein fremder Diener wird alles bekommen, was ich habe!"

Da sagte Gott feierlich zu ihm: „Dieser Mann wird nichts von dem erben, was dir gehört. Es wird dein eigener Sohn sein, der dich beerben wird!"

Dann führte Gott Abram vor dessen Zelt und sagte: „Schau dir mal den Himmel an! Siehst du all die Sterne? Kannst du sie zählen? Nicht? Genauso viele Nachkommen wirst du haben."

Abram glaubte fest daran, dass es so kommen würde, wie Gott es gesagt hatte. Und Gott zeigte Abram seine Liebe, weil der ihm so viel Vertrauen entgegenbrachte. Abrams Glaube war es, der Gott dazu brachte, ihm Großes anzuvertrauen.

Als Abram schließlich neunundneunzig Jahre alt war, erschien ihm Gott ganz persönlich und sagte: „Ich bin Gott, und ich lade dich ein, mit mir zu leben. Ich will einen Bund mit dir schließen und dir unzählige Nachkommen schenken."

Abram warf sich vor Gott nieder. Gott aber fuhr fort: „Dieser Bund gilt für mich genauso wie für dich. Du wirst zum Vater vieler Völker werden. Du wirst auch nicht mehr ‚Abram' genannt werden, sondern ‚Abraham', weil ich dich zum ‚Vater vieler Völker' mache. Völker werden sich auf dich berufen, und Könige werden stolz sein, von dir abzustammen.

Mein Bund mit dir hat für alle Ewigkeit Gültigkeit und er gilt auch für deine Kinder, die noch kommen werden. Ich werde dein Gott sein und der aller deiner Nachkommen. Noch bist du in Kanaan nicht mehr als ein Fremder, aber ich werde dir das ganze Land geben. Du wirst es für immer besitzen, du und deine Nachkommen. Und ich werde für immer euer Gott sein."

Dann fügte Gott noch etwas Wichtiges hinzu: „Bitte nenne von jetzt an deine Frau nicht mehr ‚Sarai', sondern ‚Sara'. Ich werde sie segnen und sie wird einen Sohn bekommen. Ja, ich werde sie über alle Maßen segnen, denn sie wird die Mutter vieler Völker sein, und Könige werden zu ihren Nachkommen gehören."

Gott schenkte Sara wirklich Gnade, so wie er es Abraham versprochen hatte, und sie wurde schwanger. Und das in ihrem hohen Alter! Sie konnte vor lauter Glück nur noch lachen. „Gott hat mir mein Lachen wiedergegeben. Und jeder, der von dieser Geburt hört, wird mit mir vor Freude lachen." Und so nannte sie ihren Sohn „Lachen" – Isaak. Abraham war bereits hundert Jahre alt, als ihm sein Sohn geboren wurde. Darum war auch er mit dem Namen voll einverstanden.

Weil Abraham an Gott festhielt, konnte er durch dessen Eingreifen Vater werden. Menschlich gesehen gab es keine Chance mehr für die beiden, noch Eltern zu werden. Aber Gott war treu und hielt sein Wort.

Weil Abraham Gott vertraute, selbst wenn ein Problem unlösbar zu sein schien, konnte Gott ihn segnen. Abraham war wohlhabend, er besaß viele Schafe und Kühe – und schließlich hatte er doch noch den Sohn, nach dem er sich immer gesehnt hatte. Aber Gott hörte nicht auf, seine Familie zu segnen, und schuf so ein ganz besonderes Volk.

Kapitel 3

Vom Gefängnis zum Palast

Wenn Gott auf krummen Zeilen gerade schreibt

Isaak, der Sohn von Abraham und Sara, wuchs heran und heiratete. Er hatte zwei Söhne; einer davon hieß Jakob. Gott segnete Jakob, wie er zuvor Abraham und Isaak gesegnet hatte. Jakob hatte zwölf Söhne, von denen er (leider) Josef ganz besonders liebte. So schenkte er ihm zum Beispiel ein farbenprächtiges Gewand. Seine Brüder waren nicht nur deshalb schlecht auf Josef zu sprechen. Sie waren vor allem wegen seiner Träume richtig sauer auf ihn, denn in ihnen sah er, wie seine Brüder sich vor ihm verbeugten – und er konnte es nicht lassen, ihnen das auch noch zu erzählen!

Eines Tages schickte Jakob Josef zu dessen Brüdern, die mit ihren Herden durch das Land zogen: „Schau mal nach deinen Brüdern – wie es ihnen geht und was die Herden so machen. Komm dann zurück und berichte mir alles!" Also machte Josef sich gleich auf den Weg, um seine Brüder zu suchen.

Als diese ihn schon von Weitem erkannten, beschlossen sie, ihn umzubringen.

„Da kommt ja unser Träumer!", sagten sie zueinander. „Wir müssen ihn endlich loswerden. Werfen wir ihn einfach in diese ausgetrocknete Zisterne und sagen dann unserem Vater, dass ein wildes Tier ihn angefallen und getötet hätte. Dann werden wir ja sehen, ob seine Träume wahr werden."

Ruben bekam Wind von ihren Plänen und versuchte, Josef vor ihnen zu schützen: „Brüder, wir sollten ihn nicht umbringen und auch kein Blut vergießen. Werft ihn meinetwegen in die Zisterne, aber tut ihm nichts." Das sagte er, weil er die Hoffnung hegte, Josef so zu retten und ihn zu seinem Vater zurückzubringen.

Als Josef zu den Brüdern kam, hatte er natürlich sein vornehmes Gewand an. Doch nicht lange. Sie zogen es ihm sofort aus und warfen ihn in die Zisterne. Dann setzten sie sich hin und aßen in aller Seelenruhe. Da näherte sich eine Karawane ismaelitischer Händler, deren Kamele mit Gewürzen, Ölen und Salben beladen waren. Sie war auf dem Weg nach Ägypten.

„Was haben wir eigentlich davon", meinte Juda zu seinen Brüdern, „dass wir unseren Bruder umbringen und dann noch versuchen müssen, das Ganze zu vertuschen? Wir werden ihn einfach an die Händler verkaufen, dann haben wir ihn nicht umgebracht. Schließlich ist er ja unser Bruder, unser eigen Fleisch und Blut." Und alle stimmten ihm zu.

Als die Karawane bei ihnen ankam, zogen seine Brüder Josef aus der Zisterne und verkauften ihn für zwanzig Silberstücke an die Händler. Und so nahmen die Händler ihn mit nach Ägypten.

Zurück blieb nur sein prächtiges Obergewand. Kurzerhand schlachteten sie eine Ziege und tauchten es in ihr

Blut. Dann brachten sie es zu ihrem Vater: „Wir haben das hier gefunden. Ist es vielleicht das Gewand deines Sohnes?"

Natürlich erkannte Jakob es sofort und seine Trauer war groß. „Ein wildes Tier hat meinen Josef zerrissen, er ist tot, tot!" Er war völlig verzweifelt, legte ein schwarzes Ziegenfell an und ließ sich über Monate nicht mehr trösten.

Inzwischen war Josef mit der Karawane in Ägypten angekommen. Dort verkauften ihn die Händler an einen Hofbeamten des Pharaos namens Potifar. Er war der Befehlshaber der Leibgarde des Königs.

Gott hatte Josef jedoch auch in Ägypten nicht verlassen, und er sorgte dafür, dass ihm alles gelang, was er anfasste. Josef durfte auch im Haus von Potifar leben, weil dieser ihn sehr schätzte.

Schließlich sah dieser, dass Josef bei allen seinen Arbeiten erfolgreich war, und so machte er ihn zum Verwalter seines gesamten Vermögens. Und das wiederum brachte über die gesamte Familie und alle Diener und Mägde Potifars reichen Segen. Kurzum, Potifar brauchte sich um nichts mehr zu kümmern, außer um seinen eigenen Speiseplan …

Potifars Frau hatte schon lange ein Auge auf den jungen Ausländer in ihrem Haushalt geworfen, doch Josef fühlte sich seinem Herrn und Gott verpflichtet, auf genügend Abstand zu achten. Doch die Frau ließ einfach nicht locker, und als eines Tages fast alle außer Haus waren, schritt sie zur Tat. Sie machte sich an Josef ran und packte ihn bei seinem Gewand. Er konnte sich jedoch befreien, indem er aus seinem Obergewand schlüpfte, das nun die enttäuschte Frau sofort als Beweis dafür benutzte, dass Josef sie belästigt hatte.

Potifar schenkte ihrer Version des Vorfalls Glauben und wurde wütend. Zum Palast gehörte auch ein Gefängnis, in das er Josef umgehend werfen ließ. Aber auch im Gefängnis war Gott bei Josef und schon bald wurde er zur rechten Hand des Gefängnisaufsehers befördert. Auch hier gelang ihm mit Gottes Hilfe alles.

Josef hatte von Gott eine besondere Gabe bekommen: Er konnte Träume deuten. Das hatte auch einer seiner Mithäftlinge erlebt, der vor seinem Gefängnisaufenthalt Pharaos Mundschenk gewesen war und später wieder in seine Position zurückkehren durfte, so wie Josef ihm seinen Traum gedeutet hatte. Als nun der Pharao einen seltsamen Traum hatte, erinnerte sich der Mundschenk an Josef und schlug vor, ihn kommen zu lassen.

Der Pharao ließ Josef kommen und der trat frisch rasiert mit neuen Gewändern vor ihn. Da erzählte ihm der König von Ägypten seinen Traum:
„Meinen Traum konnte mir bis jetzt niemand deuten. Nun habe ich gehört, dass du diese Gabe hast, Träume auszulegen."
„Ich kann das nicht", erwiderte Josef, „aber Gott wird dem Pharao die Antwort geben, die er sich wünscht."

Im Traum des Pharaos wurden sieben fette Kühe von sieben ausgemergelten aufgefressen, ebenso sieben kräftige Weizenähren von sieben ausgedorrten Weizenhalmen. Josef erhielt von Gott die Deutung: Sieben Jahre lang würde es in Ägypten überreiche Ernten geben, dann würden sieben Jahre folgen, in denen die Erde nichts hergab. Gott sagte damit dem Pharao, dass dieser sieben Jahre lang den Ernteüberschuss einlagern sollte, damit seine Bevölkerung in den Zeiten der Not nicht verhungern musste.

Das alles leuchtete dem Pharao und seinen Beratern voll ein, und da sie überzeugt waren, dass der Geist Gottes Josef inspiriert hatte, setzten sie ihn zum Verwalter über das gesamte Reich ein, und es war seine Aufgabe, dafür zu sorgen, dass die Ernten eingelagert wurden. Josef wurde tatsächlich der zweitmächtigste Mann im Staat unmittelbar hinter dem Pharao. Dieser gab ihm sogar seinen eigenen Siegelring und kleidete ihn in königliche Gewänder. Dazu legte er ihm eine dicke goldene Kette um den Hals. Außerdem durfte er mit dem Gefährt des Pharaos fahren, vor dem sich alle Leute verbeugen mussten. Pharao selbst sagte zu ihm: „Ich bin zwar der Pharao, aber ohne dein Wort darf niemand etwas in Ägypten tun."

Während der folgenden sieben Jahre quollen die Speicher aufgrund der guten Ernten nur so über. Als aber die mageren Zeiten anbrachen, kaufte nicht nur die ägyptische Bevölkerung bei den staatlichen Kornhäusern Getreide, sondern auch hungernde Menschen aus den Nachbarländern. Unter ihnen waren eines Tages auch die Brüder Josefs. Im Gegensatz zu ihnen erkannte Josef sie sofort. Und er hielt dieses Geheimnis lange Zeit verborgen, um herauszubekommen, wie seine Brüder heute über ihr Verhalten von damals dachten. Als er erfahren hatte, dass sie ihr Verhalten bereuten, gab er sich ihnen zu erkennen. Und genauso, wie er es geträumt hatte, verneigten sich seine Brüder vor ihm, dem zweitmächtigsten Mann in Ägypten. Doch dann forderte Josef sie auf:

„Kommt doch näher zu mir!" Und langsam überwanden seine Brüder ihre Scheu und erhoben sich. „Ja, ich bin euer Bruder Josef, den ihr nach Ägypten verkauft habt. Aber macht euch keine Sorgen, seid auch nicht sauer auf euch, dass ihr das damals getan habt. Seht ihr nicht, dass Gott mich nur deshalb vorausgeschickt hat, damit ich viele Menschenleben retten kann? Auch eures! Ehrlich: Eigentlich wart es gar nicht ihr, die mich in dieses Land gebracht habt, sondern Gott. Nur er konnte mich in diese Position bringen, in der ihr mich nun seht. Also kehrt nun schnell zu unserem Vater zurück, und erzählt ihm alles, was ihr hier gesehen und erlebt habt. Und dann zieht mit unserem Vater so schnell ihr könnt nach hier um."

Also kehrten seine Brüder nach Kanaan zurück. Sie erzählten ihrem Vater alles – vor allem natürlich, dass sein Sohn Josef nicht nur lebte, sondern praktisch das ganze Land Ägypten verwaltete. Jakob war so geschockt, dass er ihnen einfach nicht glauben konnte. Da erzählten sie ihm alles, was Josef zu ihnen gesagt hatte. Und er sah die Karren, die Josef für den Transport mitgeschickt hatte. Erst jetzt konnte Jakob alles glauben und die Freude über diese Nachricht erfüllte ihn mit neuer Energie.

„Jetzt glaube ich euch!", rief er aus. „Mein Sohn Josef lebt noch! Ich will mich schnell auf den Weg machen, um ihn noch mal zu sehen, bevor ich sterbe!"

Jakob schickte Juda voraus, um Josef seine Ankunft zu melden. Da ließ dieser seinen königlichen Wagen anspannen und eilte in das Gebiet, das er für seine Familie vorgesehen hatte. Dort traf er mit seinem Vater zusammen und beide lagen sich lange weinend in den Armen.

Dann sorgte Josef dafür, dass sich seine Familie in der besten Gegend Ägyptens niederlassen konnte, so wie der Pharao es ihm aufgetragen hatte.

Kapitel 4
Befreiung

„Let my people go"

Jakob und Josef waren nun schon seit Hunderten von Jahren tot und ihre Nachkommen waren mittlerweile ein riesiges Volk. Tausende von Hebräern lebten inzwischen in Ägypten.

Da kam in Ägypten ein neuer König an die Macht, der nichts mehr über die Geschichte von Josef und den Nachzug von dessen Familie wusste. Er sah nur noch, dass die Hebräer immer zahlreicher wurden und in seinen Augen eine Gefahr für ganz Ägypten darstellten. Falls er mit einem anderen Volk einen Krieg führen müsste, könnte es durchaus passieren, dass sich die Hebräer auf dessen Seite schlagen und sich gegen Ägypten wenden würden. Also machte er die Nachkommen Jakobs zu Sklaven und setzte Aufseher über sie ein, die den Israeliten das Leben zur Hölle machten.

Doch so hart die Sklavenarbeit auch war, die Israeliten vermehrten sich weiter, bis der Pharao schließlich den Befehl gab, alle neugeborenen männlichen Babys sofort in den Nil zu werfen. Die Mädchen durften am Leben bleiben.

In dieser Zeit heiratete ein Paar aus dem Stamm Levi. Die Frau wurde schwanger und brachte einen Sohn zur Welt. Sie liebte ihn und versteckte ihn drei Monate bei sich, doch dann konnte sie ihn nicht länger verbergen. Da flocht sie aus Binsengras einen Korb, machte ihn mit Teer wasserdicht und legte ihr Baby hinein. Dann versteckte sie den Korb im Schilf am Nilufer. Die Schwester des Kleinen hielt sich in der Nähe auf, um ihren kleinen Bruder im Notfall zu beschützen.

Da kam die Tochter des Pharaos an den Fluss, um zu baden. Ihre Dienerinnen spazierten mit ihr am Ufer entlang. Plötzlich bemerkte sie das Körbchen im Schilf und ließ es durch eine ihrer Begleiterinnen herausholen. Als sie den Deckel öffnete, sah sie darin ein weinendes Baby. Sie bekam richtig Mitleid mit ihm.

„Das ist sicher eines der Babys der Hebräer", sagte sie.

„Zufällig" kam die Schwester des Kleinen vorbei und fragte die Tochter des Pharaos: „Soll ich mich mal nach einer Frau umhören, die gerade ein Baby hat und den Jungen für Eure Majestät stillen könnte?"

„Ja, tu das!"

Und so ging das Mädchen zu seiner Mutter und brachte diese zur Tochter des Pharaos.

Diese sagte zu ihr: „Wenn du den Kleinen für mich stillst, werde ich dich dafür entlohnen."

So nahm die Mutter ihr Kind mit nach Hause und versorgte es. Als der Kleine schon etwas größer war, brachte sie ihn zur Tochter des Pharaos, die ihn als ihren eigenen Sohn großzog. Sie nannte ihn „Mose", weil sie sich sagte: „Ich habe ihn aus dem Wasser gezogen."

Als Mose ein Mann geworden war, ging er eines Tages dorthin, wo sein eigenes Volk lebte. Er sah, wie hart sie arbeiten mussten, aber auch, wie ein Ägypter einen Hebräer zu Tode prügelte. Mose blickte sich kurz um, und als er niemanden sah, tötete er den Sklaventreiber und verscharrte ihn im Sand.

Leider musste Mose sehr schnell feststellen, dass seine Tat doch bemerkt worden war. So war er gezwungen, Ägypten so schnell wie möglich zu verlassen. Er ging nach Midian und traf dort auf die Familie eines heidnischen Priesters, die aber auch Herden hatte. Mose heiratete eine seiner Töchter und lebte viele Jahre als Hirte.

Mose kümmerte sich um die Herde seines Schwiegervaters Reguël, der ein Priester der Midianiter war. Einmal führte er seine Herde an der westlichen Seite der Wüste entlang, bis er den Berg Horeb erreichte. Da beobachtete er einen Busch, der in Flammen stand, aber nicht niederbrannte. Mose wollte unbedingt dahinterkommen, warum der Busch nicht verbrannte, und näherte sich ihm.

Da hörte er plötzlich eine Stimme, die aus der Richtung des Dornbuschs kam: „Mose! Mose!"

Mose erschrak. „Ja, Herr ...?"

„Komm nicht näher", befahl Gott, „zieh deine Sandalen aus, denn du stehst auf heiligem Boden!" Dann fuhr er fort: „Ich bin der Gott Abrahams, Isaaks und Jakobs."

Als Mose das hörte, verhüllte er sein Gesicht, weil er sich davor fürchtete, Gott zu sehen.

„Ich habe gesehen, wie mein Volk in Ägypten leidet", sprach der Herr weiter. „Ich habe ihre Schreie gehört, wenn die Sklaventreiber sie drangsalieren. Ich sorge mich um sie, weil sie unter einer schweren Last leiden. Darum bin ich hier, um sie aus der ägyptischen Knechtschaft zu befreien. Ich möchte sie aus diesem Land herausholen und in ein gutes Land bringen, in dem sie viel Platz haben und wo Milch und Honig fließen.

Darum sende ich dich jetzt zum Pharao, um die Israeliten aus dem Land zu führen. Sie sind *mein* Volk, nicht sein Besitz!"

Doch Mose erwiderte Gott: „Wer bin ich denn, dass ich zum Pharao gehen könnte? Wie kommst du nur darauf, dass *ich* die Israeliten aus Ägypten herausführen könnte?"

Gott sagte dazu nur: „Ich werde mit dir sein. Und du wirst ein Zeichen von mir bekommen, welches den Beweis erbringt, dass ich dich gesandt habe. Wenn du die Israeliten aus Ägypten herausgebracht hast, soll mein ganzes Volk mich an diesem Berg hier verehren."

Mose hatte immer noch Probleme. „Ich habe noch nie gut reden können, und das ist auch nicht besser geworden, seit du mit mir gesprochen hast. Ich kann einfach nicht vor Leuten reden."

Gott musste Mose belehren. „Wer gibt dem Menschen die Fähigkeit zu sprechen? Wer die Fähigkeit zu hören, zu sehen? Bin das nicht ich, dein Gott? Darum geh, ich werde dir rechtzeitig helfen und dir eingeben, was du zu sagen hast."

Aber Mose ließ nicht locker: „Herr, schicke doch jemand anderen als mich!"

Da verlor selbst Gott für einen Moment die Geduld mit Mose. Doch dann sagte er: „Was denkst du über deinen Bruder Aaron, den Leviten? Ich weiß, dass er keine Probleme hat, vor vielen Leuten zu sprechen.

In weiser Voraussicht habe ich ihn bereits auf den Weg zu dir geschickt. Er wird sich sehr freuen, dich wiederzusehen. Sprich mit ihm! Lege deine Worte in seinen Mund! Bring du ihm bei, was er sagen soll. Ich werde euch beiden bei allem beistehen. Ich werde euch genau sagen, was ihr tun sollt. Und Aaron wird für dich zu den Leuten reden. Nimm diesen Holzstab in die Hand. Mit ihm wirst du in der Lage sein, Zeichen und Wunder zu vollbringen."

Mose und Aaron gingen nun gemeinsam zum Pharao und baten ihn, die Hebräer für ein Fest in der Wüste ziehen zu lassen. Doch der Pharao dachte nicht im Traum daran, diese billigen Arbeitskräfte gehen zu lassen. Im Gegenteil, er wurde wütend, weil sie es überhaupt gewagt hatten, so eine Bitte an ihn zu richten. Also befahl er, das Arbeitssoll noch zu erhöhen und damit alle Israeliten zu bestrafen.

Da sagte der Herr zu Mose: „Du siehst, wie hart das Herz des Pharaos ist. Er will mein Volk nicht gehen lassen. Also müssen wir etwas tun: Morgens geht der Pharao immer an das Ufer des Nils. Erwarte ihn dort, vergiss aber deinen Stab nicht. Sage dann zu ihm: »Der Herr, der Gott der Hebräer, hat mich zu dir gesandt, damit ich dir Folgendes ausrichte: ›Lass mein Volk ziehen! Denn dann wird es mir in der Wüste ein Fest bereiten. Doch bis jetzt hast du dich geweigert.‹ Weiter lässt dir der Herr ausrichten: ›Damit du begreifst, dass ich Gott bin, werde ich alles Wasser in Ägypten in Blut verwandeln. Die Fische werden sterben und der Fluss wird stinken. Die Ägypter werden nirgendwo mehr Trinkwasser finden.‹«"

Dann trug der Herr Mose auf: „Sag Aaron, dass er seinen Stab nehmen und seine Hand über alle Wasser Ägyptens erheben soll. Alles Wasser, selbst das in den Krügen und Fässern, wird sich in Blut verwandeln."

Und Mose und Aaron machten es genauso, wie Gott es ihnen aufgetragen hatte. Als Aaron in Gegenwart des Pharaos und seiner Beamten mit dem Stock auf den Nil schlug, verwandelte sich alles Wasser in Blut. Es kam, wie Gott es angekündigt hatte. Doch die ägyptischen Zauberer vollbrachten etwas Ähnliches, sodass der Pharao in dieser Plage nicht unbedingt ein Eingreifen Gottes erkennen musste. Er kehrte einfach in seinen Palast zurück. Inzwischen gruben die Ägypter entlang des Nils Gruben, in denen sich Grundwasser sammelte. So hatten sie Wasser zum Überleben.

Trotz dieser Plage blieb der Pharao stur. So kamen noch weitere Plagen über das Land: unzählige Frösche, Schwärme von Fliegen und Mücken, Tierkrankheiten, Ungeziefer, Hagel, Heuschrecken und beängstigende Finsternis. Jedes Mal gab der Pharao nach, damit die Plage ein Ende nahm. Doch kaum war sie vorbei, zog er seine Erlaubnis zurück. Er wollte auf das Sklavenvolk einfach nicht verzichten.

Da sprach Gott noch einmal mit Mose: „Ich werde jetzt nur noch eine Plage über den Pharao und die Ägypter bringen, dann wird er mein Volk gehen lassen. Ja, er wird euch geradezu aus dem Land jagen."

Diese letzte Plage war die Schlimmste von allen. Jeder Erstgeborene – egal, ob Mensch oder Tier – sollte in der Nacht sterben. Um die Israeliten davor zu bewahren, musste jede Familie ein Lamm schlachten und mit seinem Blut die Türpfosten bestreichen. Und so ging in dieser Nacht ein Aufschrei durch das Land: Überall beklagte man den Tod eines Erstgeborenen, auch im Palast des Pharaos.

Noch in der Nacht ließ der Pharao Mose und Aaron wissen: „Zieht weg, ihr und eure Israeliten! Verlasst mein Volk! Geht! Verehrt euren Gott, wie ihr es gewollt habt. Nur geht! Nehmt eure Herden mit, wie ihr es gewünscht habt. Und bittet euren Gott, mir gnädig zu sein."

Das Volk Israel hatte vierhundertdreißig Jahre in Ägypten gelebt. Nun verließ es dieses Land, um in seine ursprüngliche Heimat zurückzukehren.

Am Tag führte der Herr die Israeliten durch eine Wolken-, in der Nacht durch eine Feuersäule. So konnten sie sowohl am Tag als auch in der Nacht vorankommen.

Gott wusste, dass der Pharao schon sehr bald seine Meinung ändern und die Israeliten mit Gewalt zurückholen würde. So führte er die Israeliten durch Mose in die Nähe des Schilfmeeres, weil er einen Plan hatte, um sein Volk endgültig von der Bedrohung durch den Pharao zu befreien:

„Der Pharao wird denken, die Israeliten würden planlos im Land herumwandern, weil sie – umgeben von Wüsten – keine Ahnung haben, wohin sie gehen sollen. Ich werde dafür sorgen, dass er uneinsichtig ist und dass seine Gier immer stärker wird. Durch das, was ich jetzt tue, werden die Ägypter erkennen, dass ich alleine der Herr bin."

Mittlerweile hatten die Israeliten ihr Lager am Schilfmeer aufgeschlagen. Und in Ägypten bereute der Pharao, seine Sklaven einfach so entlassen zu haben: „Was haben wir nur gemacht? Wir haben die Hebräer gehen lassen, unsere Sklaven, an deren Arbeit wir uns schon so sehr gewöhnt hatten?!"

Pharaos Entschluss stand fest: Er bestieg seinen Kampfwagen und machte sein gesamtes Heer mobil. Dann jagte er mit allen Kämpfern, die er zur Verfügung hatte, hinter den Israeliten her. Schon bald konnten sie das Volk sehen, das am Ufer des Schilfmeeres sein Lager aufgeschlagen hatte.

Aber auch die Israeliten erkannten die Ägypter, die rasch näher kamen, und waren vor Angst und Schrecken wie gelähmt. Ihnen blieb nur noch eines: Sie mussten zu Gott um Hilfe schreien. Aber sie hatten auch noch genug Luft, um sich bei Mose zu beschweren: „Warum hast du uns bloß in die Wüste gebracht? Damit wir hier sterben?! Warum hast du uns überhaupt aus Ägypten herausgeführt? Haben wir dir nicht gesagt, dass wir lieber als Sklaven leben statt in der Wüste als Freie sterben würden?"

Mose versuchte, die aufgebrachte Menge zu beruhigen: „Habt keine Angst. Nur keine Panik. Noch heute werdet ihr erleben, wie Gott selbst euch rettet. Seht ihr da hinten die Ägypter? Ihr werdet sie nie wieder sehen, denn Gott wird für euch kämpfen. Also bleibt ruhig!"

Und Gott machte dem Aufruhr ein Ende. Er befahl Mose, dass die Leute sich in Bewegung setzen sollten – direkt auf das Schilfmeer zu. Er selbst sollte seinen Stab über das Wasser halten, das ganze Volk würde dann trockenen Fußes durch das Meer ziehen können.

„Ich werde die Ägypter mit ihrer eigenen Sturheit schlagen", fügte Gott hinzu, „sodass sie hinter den Israeliten in das Meer hineinziehen."

Die Wolkensäule, die dem Treck des Volkes Israel vorauszog, hob sich und ließ sich zwischen den Israeliten und den Ägyptern nieder. Während der Nacht verbreitete die Wolke Finsternis in Richtung der Verfolger, nach vorne dagegen spendete sie den Israeliten Licht. So kam die Armee die ganze Nacht nicht näher an den Zug der Flüchtenden heran.

Mose streckte nun seine Hand über das Schilfmeer aus, und die ganze Nacht über drängte Gott durch einen starken Ostwind das Wasser zurück, sodass die Israeliten auf trockenem Grund durch das Meer ziehen konnten. Rechts und links von ihnen türmten sich die Wassermassen wie Wände auf. Und die Ägypter setzten mit ihren Wagen und Reitern dem Treck nach, mitten in das Meer hinein. Gegen Ende der Nacht gerieten die Ägypter in Panik, weil die Räder ihrer Wagen zerbrachen oder stecken blieben. Sie kamen kaum noch voran und schrien einander zu: „Nichts wie weg von diesen Israeliten! Ihr Gott kämpft gegen uns!"

Gott gab Mose nun das Signal: „Strecke jetzt deine Hand noch einmal über das Meer aus!" Und gerade als die Sonne aufging, flutete das Meer zurück und riss alle Ägypter mit sich, die gerade versucht hatten zu fliehen. Alle Kampfwagen und Reiter wurden von den Wassermassen bedeckt. Die ganze Armee des Pharaos, die das Volk Israel gejagt hatte, ging in den Fluten unter. Nicht ein einziger Ägypter überlebte diesen Tag.

Mose führte nun das Volk vom Schilfmeer weg. Nachdem sie Ägypten hinter sich gelassen hatten, zogen sie Richtung Kanaan weiter, dem Land, das Gott ihnen versprochen hat. Aber die Israeliten fanden viele Gründe, sich immer wieder bei Mose zu beschweren.

Da versammelten Mose und Aaron das Volk Israel, um zu ihnen zu sprechen: „Ihr werdet schon bald erfahren, wer es ist, der euch aus der Sklaverei befreit hat. Er hat gehört, dass ihr mit ihm unzufrieden seid. Doch wer sind wir eigentlich?! Auch weiß er, dass ihr euch über uns beschwert. Wartet nur bis morgen!"

Während Aaron zu der ganzen Gemeinschaft redete, blickten sie in Richtung Wüste. Da sahen alle, wie die Herrlichkeit Gottes in der Wolke erschien.

Gott sagte zu Mose: „Ich habe gehört, dass mein Volk alles andere als glücklich ist. Sag ihm: Wenn die Sonne untergeht, werdet ihr Fleisch zum Essen haben, und am Morgen werde ich euch mit Brot versorgen. Dann werdet ihr euch daran erinnern, dass ich der Herr, euer Gott, bin."

Und tatsächlich: Am Abend kamen ganze Schwärme von Wachteln und ließen sich im Camp der Israeliten nieder. Am Morgen dagegen war der gesamte Boden im Camp mit Tau bedeckt, der eine Art Flocken hinterließ, nachdem er getrocknet war. Es sah aus wie Frostkristalle.

Die Leute sahen diesen Belag und fragten sich: „*Man hu?* Was soll das denn sein?" Daher nannten die Israeliten diese Körner „Manna".

Mose erklärte es ihnen: „Das ist das Brot, das Gott selbst euch zu essen gibt. Gott sagt euch dazu, dass jeder so viel sammeln soll, wie er und seine Zeltbewohner brauchen. Wer viel sammelt, hat nie zu viel, und wer wenig aufliest, hat immer genug. Nur aufbewahren könnt ihr das Manna nicht – mit einer Ausnahme: vor dem Sabbat. Da hält sich das Manna bis zum übernächsten Tag."

Kapitel 5

Neue Gebote und ein neuer Bund

Großes Kino am Gottesberg

Während die Israeliten in der Wüste ihr Lager aufschlugen, sprach Mose auf dem Berg Sinai mit Gott. Dieser gab ihm zehn Gebote, nach denen die Israeliten (und nicht nur sie …) als sein Volk leben sollten. Er schrieb sie auf zwei Steintafeln, die Mose zu seinem Volk mitnahm. Und hier ist ungefähr der Wortlaut von dem, was auf ihnen eingemeißelt war:

„Ich bin der Herr, euer Gott. Ich habe euch von der Sklaverei durch die Ägypter befreit. Verehrt niemals andere Götter. Macht euch nicht irgendwelche Götzenbilder, die irgendetwas Irdisches darstellen, um euch davor niederzubeugen und sie anzubeten. Denn nur ich bin Gott, und ich ertrage es nicht, wenn Machwerke der Menschen angebetet werden. Wenn Menschen mich hassen, hat das für die nächsten drei oder vier Generationen Folgen. Aber wer mich liebt und auf meine Anliegen achtet, dessen Nachkommen segne ich tausend Generationen lang.

Missbraucht nicht meinen Namen, denn ich bin euer Herr und Gott und lasse so etwas nicht ungestraft.

Achtet darauf, dass ihr den Sabbat als einen heiligen Tag hochhaltet. Sechs Tage habt ihr Zeit für eure Arbeit. Doch am siebten sollt ihr zu meiner Ehre alles ruhen lassen. Verrichtet an diesem Tag keinerlei Arbeiten. Ich habe in sechs Tagen die Welt mit Himmel, Erde und Meer erschaffen. Doch ich ruhte am siebten Tag. Darum habe ich den Sabbat gesegnet und zu einem besonderen Tag gemacht.

Ehrt eure Väter und Mütter, damit ihr lange in dem Land leben werdet, das ich, der Herr, euch geben werde.

Bringt niemanden um.

Begeht keinen Ehebruch.

Bestehlt niemanden.

Macht keine Falschaussagen vor Gericht.

Schaut nicht voller Neid und Gier auf das, was ein anderer hat, schon gar nicht auf seine Frau."

Darüber hinaus berichtete Mose dem Volk alles, was der Herr ihm sonst noch gesagt hatte, und die Israeliten antworteten einmütig: „Alles, was der Herr gesagt hat, wollen wir tun."

Daraufhin trug Gott Mose auf: „Sage dem Volk Israel, es soll mir ein besonderes Opfer bringen. Nimm du die Gaben von all jenen entgegen, deren Herz bewegt wurde, großzügig zu sein. Denn ich möchte in einem heiligen Zelt in eurer Mitte wohnen. Und dafür braucht ihr die nötigen Mittel. Den genauen Bauplan erhältst du, Mose, von mir."

Gott gab Mose ganz genaue Instruktionen, wie er sich dieses „Zelt der Begegnung" wünschte. Darüber hinaus ließ er Mose die Bundeslade anfertigen. Diese war ein Zeichen des Bundes mit seinem Volk und vor allem für seine Gegen-

wart. Die Bundeslade war aus mit Gold überzogenem Holz und auf der oberen Abdeckung thronten zwei Engel. Nur die Priester durften sie tragen, kein anderer sie auch nur berühren. In der Bundeslade wurde ein Gefäß mit Manna aufbewahrt in Erinnerung an die Hilfe Gottes in der Wüste, und dann die beiden Gesetzestafeln.

Natürlich regelte Mose auch die Fragen des alltäglichen Lebens – wie man sich sauber hält, was man besser nicht essen sollte, was und wie man Gott Opfer darbringt und vieles mehr.

Auch für Gott war dieses Regelwerk wichtig, weil es sicherstellen konnte, dass sein Volk sich tatsächlich von allen anderen Völkern abhob. Darum hörte er auch nicht auf, es zu führen und zu beschützen, solange es auf dem Weg ins Verheißene Land war – das Land, das er ihm versprochen hatte.

Kapitel 6
Wüste Wanderung

40 Jahre Frust, Durst und Wunder

Jedes Mal, wenn die Israeliten sich an einem neuen Platz niederließen, errichtete Mose in der Mitte des Lagers das „Zelt der Begegnung". In ihm sprach Gott von Zeit zu Zeit mit Mose, sodass die Israeliten immer wieder zu ihm kamen, um zu erfahren, was sie in diesem oder jenem Fall tun sollten. Als sie eines Tages die Grenze zum Land Kanaan erreicht hatten, gab Gott Mose eine aufregende Botschaft.

„Schicke ein paar Kundschafter in dieses Land hinein, das ich dem Volk Israel geben möchte. Nimm dafür jeweils einen der führenden Männer aus jedem Stamm."

Mose rief die Männer zusammen und trug ihnen auf, sich das Land genau anzusehen und vor allem darauf zu achten, wie stark oder schwach seine Bewohner wären, ob das Land dünn besiedelt wäre oder viele Menschen beherbergte.

Mose wollte alles wissen: „Was ist das für ein Land, in dem die Leute dort leben? In was für Ortschaften wohnen sie? In Städten mit hohen Mauern? Wie ist der Boden? Fruchtbar oder ausgemergelt? Gibt es dort Bäume? Am besten wäre es auch, ihr bringt ein paar Früchte aus dem Land mit." Um die Zeit wurden nämlich gerade die ersten Trauben reif.

Die Kundschafter wussten also, was sie zu tun hatten. Vierzig Tage lang durchstreiften sie das ganze Land und nahmen zum Schluss noch Früchte mit, unter anderem eine Rebe, die so groß war, dass zwei Mann sie an einer Stange hängend tragen mussten.

So kamen sie zurück zu Mose und Aaron und dem ganzen Volk Israel und berichteten, was sie gesehen hatten: „Es ist wahr, dieses Land fließt wirklich über vor Milch und Honig. Schaut euch nur diese Früchte an! Aber die Leute, die es bewohnen, sind viel größer und kräftiger als wir. Auch haben die großen Städte ringsherum hohe Mauern."

Da unterbrach Kaleb den Bericht und hielt dagegen: „Auch wenn die Bewohner Furcht einflößend sind: Wir sollten aufbrechen und das Land trotzdem einnehmen. Mit Gottes Hilfe können und werden wir es sicher schaffen!"

Doch die Männer, die mit ihm das Land ausspioniert hatten, widersprachen ihm heftig: „Nein, wir können dieses Volk unmöglich angreifen, die sind einfach viel stärker als wir. Dieses Land ist so mächtig und groß, dass wir das Gefühl hatten, es erdrückt uns – und die Menschen dort sind wahre Riesen. Zumindest sind wir uns wie Heuschrecken vorgekommen."

Nach diesem Bericht ging ein lautes Jammern durch das Lager, welches die ganze Nacht anhielt. Die Leute wurden immer wütender auf Mose und Aaron: „Wären wir doch bloß in Ägypten geblieben oder wenigstens in der Wüste gestorben! Warum wollte uns der Herr überhaupt in dieses Land bringen? Wir werden alle durch das Schwert umkommen. Diese Riesen da werden unsere Frauen und Kinder rauben. Es wäre wirklich besser, wenn wir nach Ägypten zurückkehren würden!"

Und schon bald sagten sie zueinander: „Wir wählen uns einen anderen Anführer und dann gehen wir zurück nach Ägypten!"

Da warfen sich Mose und Aaron vor dem versammelten Volk zu Boden und beteten.

Inzwischen wandten sich Josua und Kaleb an die Umstehenden: „Wir haben uns das ganze Land genau angesehen. Es ist wirklich sehr gut, und wenn Gott auf unserer Seite ist, wird er uns auch sicher in dieses Land bringen. Es ist das Gelobte Land, in dem Milch und Honig fließen. Genau das will er uns geben! Bitte weigert euch nicht, ihm zu gehorchen, und fürchtet euch nicht vor den Bewohnern des Landes. Wir werden sie überwältigen, denn der Herr ist auf unserer Seite. Ihre Götter sind tot, nichts kann sie retten. Habt also keine Angst vor ihnen!"

Doch die Israeliten hörten lieber auf die Kundschafter, die ihnen Horrorgeschichten erzählt hatten, statt auf Gott zu vertrauen, der ihnen dieses wunderbare Land geben wollte. Nach all dem, was sein Volk schon mit ihm erlebt hatte, machte dieser Mangel an Vertrauen Gott wirklich wütend. Und so ließ die Strafe nicht lange auf sich warten, dafür war ihre Dauer umso länger: Vierzig Jahre lang musste das Volk in der Wüste umherziehen, bis auch der Letzte gestorben war, der an Gottes Schutz und Hilfe gezweifelt hatte. Noch einmal musste das Volk Gottes eine harte Lektion lernen.

Als sie wieder in der Wüste unterwegs waren, hatten die Israeliten – wie so oft schon – kein Wasser. Also versammelten sie sich aufs Neue, um Mose und Aaron Vorwürfe zu machen: „Wären wir doch nur gestorben! Warum habt ihr uns überhaupt in die Wüste geführt?! Damit wir und unser Vieh hier verenden? Warum mussten wir überhaupt Ägypten verlassen? Was sollen wir in dieser trostlosen Gegend? Hier gibt es nichts – kein Korn, keine Feigen, weder Trauben noch Granatäpfel. Und jetzt nicht mal mehr Wasser!"

Mose und Aaron ließen die aufgebrachte Menge stehen und gingen direkt zum Zelt der Begegnung. Dort warfen sie sich vor Gott auf den Boden.

Da erschien die Herrlichkeit des Herrn vor ihnen und Gott forderte Mose auf: „Nimm deinen Stab und versammle das Volk. Sprich dann zu dem Felsen, den alle sehen können, dass er sein Wasser herausrücken soll. Und es wird genügend Wasser kommen, das alle trinken können, auch eure Herden."

Mose und Aaron versammelten das Volk vor dem Felsen. Mose war wütend: „Hört her, die ihr weder Gott gehorcht noch Vertrauen habt: Werden wir jetzt Wasser aus diesem Felsen herausholen können?" Und so schlug er frustriert mit seinem Stock zweimal auf den Felsen. Natürlich floss jetzt das Wasser, aber die Leute konnten nicht erleben, wie Gott es einfach auf das *Wort* von Mose hin getan hätte. Gott sah darin einen Mangel an Vertrauen und Gehorsam bei Mose, weil er ihm nicht die ganze Ehre zukommen ließ. Das führte dazu, dass Mose zwar das Gelobte Land noch sehen, selbst aber nicht mehr betreten durfte.

Und so zogen die Israeliten Jahr um Jahr durch die Wüste. Mal beschwerten sie sich über das Essen, mal über den Mangel an Wasser. Einmal wurden sie mit Giftschlangen bestraft, dann wieder schenkte Gott ihnen den Sieg über Könige, die sie angriffen. Immer wieder rettete Gott sie und schützte sein Volk. Er nutzte die vierzig Jahre dauernde Wüstenwanderung, um seinem Volk beizubringen, ihm zu vertrauen und seinen Regeln zu folgen. Irgendwann war es dann so weit: Das Volk Israel versprach, Gott gehorsam zu sein, und es begann, ihm zu vertrauen, statt sich ständig zu beklagen. Es war sozusagen reif, das Gelobte Land einzunehmen.

Doch bevor sie in Kanaan einrückten, starb Mose. Die Israeliten trauerten lange um ihn. Der Sage nach soll Gott selbst ihn begraben haben.

Israel hatte nie wieder einen Mann, der so vertraut mit Gott umgehen durfte wie Mose. Gott konnte durch ihn große Zeichen und Wunder tun. Aber kaum einer hatte auch mit solchen Schwierigkeiten zu kämpfen wie er: erst die Verhandlungen mit dem Pharao, dann vor allem immer wieder die Auseinandersetzung mit der Opposition im eigenen Volk. Aber keiner hatte mehr göttliche Macht zur Verfügung als Mose, von dem die Schrift selbst sagt, dass er der demütigste Mensch war, der je gelebt hat.

Kapitel 7
Der Kampf beginnt

Das glorreiche, dunkle Kapitel der „Landnahme"

Josua war die rechte Hand von Mose. Eines Tages sagte Gott zu ihm: „Mein treuer Diener Mose ist tot. Ich möchte, dass ihr euch darauf vorbereitet, den Jordan zu überschreiten. Ich wünsche mir, dass ihr alle das Land betretet, das ich euch versprochen habe. Ja, ich werde euch den Weg ebnen, wohin ihr auch geht, so wie ich es Mose versprochen habe.

Josua, solange du lebst, wird niemand in der Lage sein, dir wirklich Widerstand entgegenzusetzen. Ich werde genauso an deiner Seite sein, wie ich es mit Mose war. Ich werde dich niemals im Stich lassen.

Sei also mutig und stark. Achte auf die Gebote, die Mose an dich weitergegeben hat. Bleibe immer an meiner Seite, und weiche nicht vom Weg mit mir ab, dann wirst du bei allem Erfolg haben, egal, wohin du gehst und was du unternimmst."

Nach dieser Ermutigung machte sich Josua sofort an die Arbeit. Zunächst befahl er allen Stammesführern und Ältesten, dafür zu sorgen, dass sich alle richtig vorbereiteten. „In drei Tagen überschreiten wir den Jordan. Wir werden nun in das Land einmarschieren und es in Besitz nehmen. Gott selbst hat es zu unserem Eigentum erklärt."

Josua hatte noch gut in Erinnerung, dass die Bewohner von Kanaan sehr kräftige Leute waren. Darum schickte er zwei Kundschafter nach Jericho, der ersten Stadt in Kanaan, die Josua einnehmen sollte. Als die beiden in die Stadt kamen, kehrten sie bei Rahab ein, einer stadtbekannten Prostituierten. Diese ahnte, was auf Jericho zukam, und entschied sich dafür, die Kundschafter zu beschützen.

Schon bald wurde dem König von Jericho gemeldet, dass sich zwei israelitische Männer in die Stadt geschlichen hätten, um sie auszuspionieren. Sofort schickte er Bewaffnete zu Rahab und verlangte die Auslieferung der Kundschafter.

Doch Rahab hatte die beiden sehr gut versteckt, darum sagte sie frech: „Tut mir leid, die sind schon wieder weg. Sie haben die Stadt so bei Sonnenuntergang verlassen. Vielleicht erwischt ihr sie noch, wenn ihr euch beeilt."

In der Nacht ließ Rahab dann die beiden Männer an einem Seil die Stadtmauer hinunter, während der Trupp des Königs sie in der Gegend zwischen Stadt und Jordan suchte.

Vorher hatte Rahab den beiden Israeliten das Versprechen abgenommen, sie und ihre Familie zu schützen, wenn ihr Heer die Stadt einnehmen sollte.

Die Kundschafter waren schlau genug, nicht sofort ins Lager zurückzukehren, sondern sie versteckten sich drei Tage lang in dem Hügelland. Inzwischen hatten die Männer des Königs von Jericho die Suche aufgegeben und waren in die Stadt zurückgekehrt. Jetzt konnten auch die beiden von den Hügeln herunterkommen und den Jordan überqueren. Sie gingen zu Josua und erstatteten ihm Bericht. Sie erzählten ihm alles, was sie erlebt hatten.

Josua war über den Bericht seiner Kundschafter sehr froh. Er wusste, dass Gott sein Volk unterstützen würde, wenn es den Kampf um das Land Kanaan begann. Josua hatte die Israeliten gut auf das vorbereitet, was sie nun erwarten würde. Sie waren bereit, Jericho zu erobern. Für diesen ersten Kampf gab Gott Josua einen ganz besonderen Plan, der allen Israeliten vor Augen führte, wer es war, der für sie die Siege errang.

Nachdem das Heer der Israeliten sechs Tage lang einmal täglich um die ganze Stadt gezogen war, gab Josua für den siebten Tag einen ganz besonderen Befehl heraus: „Wenn ihr jetzt um die Stadt zieht, dann tut es sieben Mal, ohne einen Ton von euch zu geben. Blast erst dann in die Hörner, und schreit so laut ihr könnt, wenn ich euch das Zeichen dazu gebe."

Am siebten Tag waren nun alle schon bei Sonnenaufgang dabei, wie gewohnt um die Stadt zu marschieren. Doch diesmal waren es sieben Umrundungen. Endlich gab Josua das vereinbarte Signal, alle bliesen in die Hörner und schrien aus Leibeskräften.

Da fielen die Mauern von Jericho in sich zusammen, sodass jeder dort, wo er gerade stand, in die Stadt eindringen konnte. Die beiden Kundschafter eilten schnell zum Haus von Rahab und brachten sie mit ihrer gesamten Familie aus der Stadt heraus in die Nähe ihres Lagers.

Inzwischen brannte bereits die Stadt, nachdem alles Leben in ihr ausgelöscht worden war. Das erbeutete Gold und Silber wurde zum Schatz ins Bundeszelt gebracht. Auch nahmen sie alles mit, was aus Bronze oder Eisen gefertigt war.

Gott stand Josua bei und sein Ruf verbreitete im gesamten Land Furcht und Schrecken.

Nachdem die Israeliten Jericho dem Erdboden gleichgemacht hatten, setzten sie ihren Kampf fort. Mit Gottes Hilfe eroberten sie viele Städte, in denen sie eines Tages leben sollten. Es war auch ein Sieg über heidnische Könige, die ihre Macht nur für ihr eigenes Wohl missbraucht und ihre eigenen Völker ausgeplündert hatten. Nach vielen Jahren war es so weit: Josua verteilte das ganze Land unter den zwölf Stämmen Israels. Endlich konnte das Volk Gottes sich im Verheißenen Land niederlassen.

Kapitel 8

Einige gute Männer … und Frauen

Wenn Richter zu Feldherren werden

Solange Josua lebte und die Israeliten unter der Führung der Ältesten standen, die selbst noch miterlebt hatten, was Gott für das Volk getan hatte, dienten sie Gott. Schließlich starb Josua im Alter von 110 Jahren.

Irgendwann starben auch die Letzten, die noch die Zeiten der Eroberung Kanaans durch Josua miterlebt hatten. Eine neue Generation wuchs heran, die nichts mehr von den großen Taten Gottes wusste, geschweige denn diese miterlebt hatte. Dafür beteten sie Götter an, die man anfassen konnte – Fruchtbarkeitsgöttinnen, vor allem aber den Gott Baal. Es war aufregend, diese Götzen zu verehren, und so kehrte das Volk seinem eigenen, dem wahren Gott immer mehr den Rücken, dem Gott, der sie aus der Sklaverei befreit und in ein wunderbares Land gebracht hatte. Das konnte Gott bei seinem Volk aber nicht dulden.

Gott musste die Israeliten wieder zur Vernunft bringen. Und sie verstanden offensichtlich nur eine sehr harte Sprache. Umliegende Völker fielen in Israel ein und drangsalierten es bis aufs Blut. In solchen Zeiten erinnerte sich das

Volk wieder an seinen Gott und schrie um Hilfe, ja, oft auch um Rettung. Und immer wieder half Gott ihm durch militärische Führer, die „Richter" genannt wurden. Sie befreiten Israel von seinen Unterdrückern und schützten es gegen seine Feinde.

Um nur einige Richter zu nennen: Ehud, Debora, Gideon und Simson. Alle waren ganz außergewöhnliche Persönlichkeiten und mit Gottes Hilfe waren ihre militärischen Aktionen unglaublich erfolgreich. Doch einer stach in mancher Hinsicht aus dieser Gruppe besonders hervor: Simson. Er war so etwas wie Israels Superheld, denn Gott hatte ihm übermenschliche Kraft verliehen. Niemand konnte ihn bezwingen, am wenigsten die Dauerfeinde der Israeliten, die Philister. Diese taten alles, um hinter das Geheimnis seiner Kraft zu kommen. Und da half ihnen der Zufall: Simson verliebte sich in Delila, eine Frau, die für Geld alles tat.

Die Frau, in die Simson sich verliebt hatte, lebte in dem Tal Sorek. Die führenden Philister boten ihr eine Menge Geld an, wenn sie herausbekäme, warum Simson so stark war. Sie ließ daraufhin ihren Charme spielen, aber Simson führte sie mit immer neuen Erklärungen dreimal in die Irre. Die lauernden Philister wurden langsam sauer und zogen ab. Doch Delila ließ nicht locker. Sie bearbeitete Simson Tag und Nacht und wurde ihm so lästig, dass er ihr schließlich sein Geheimnis verriet. Da rief Delila die führenden Philister wieder zu sich und gab ihnen die langersehnte Nachricht weiter, wie man Simson bändigen könne: Man musste nur seine langen Haare abschneiden.

Diesmal waren sich alle sicher, dass es klappen würde. Die Philister hatten das Geld sogar schon dabei, um Delila für ihre erfolgreichen Dienste zu bezahlen.

Als Simson eingeschlafen war, gab Delila einem der versteckten Männer ein Zeichen, ihm die Haare abzuschneiden. Jetzt war Simson so stark wie jeder andere Mann, und es war ein Leichtes, ihn zu überwältigen. Sie fesselten ihn und stachen ihm die Augen aus. Dann warfen sie ihn ins Gefängnis und legten ihn in schwere Ketten. Dort musste er mit einem großen Mühlstein Korn mahlen. Doch mit der Zeit wuchs auch sein Haar wieder nach.

Eines Tages versammelten sich die Philister zu einem großen Opferfest zu Ehren ihres Gottes Dagon. Schließlich hatte ihr Gott ja den verhassten Simson in ihre Hände gegeben.

Dazu sollte auch Simson dem Volk vorgeführt werden. Die Leute schrien: „Bringt Simson heraus. Wir wollen unseren Spaß mit ihm treiben!"

Als die Menge ihn sah, pries sie ihren Gott, weil er ihnen ihren großen Feind ausgeliefert hatte. Simson bat den Wärter, der ihn hereingeführt hatte, ihn doch zwischen die beiden Säulen zu führen, die in der Mitte der Tempelhalle das ganze Dach trugen, damit er sich dort anlehnen könne.

Dann betete er zu Gott: „Herr und König, zeige mir ein letztes Mal, dass du mich nicht verlassen hast, und lass mich so stark sein wie früher …"

Dann stemmte sich Simson gegen die beiden Säulen – mit jeder Hand an eine Säule – und drückte mit solcher Gewalt, dass die Säulen nachgaben und das Dach mit allen, die darauf saßen, herunterkrachte und alle Philister unter sich begrub. Durch seinen Tod hat Simson mehr Feinde getötet als während seiner gesamten Zeit als Richter.

Simson wurde von seinem Volk immer als großer Held verehrt, weil er viele außergewöhnliche Dinge getan hatte. Auch wenn er nicht immer seiner großen Gabe entsprechend lebte, konnte Gott ihn doch gebrauchen, um seine Pläne zu verwirklichen.

Kapitel 9
Der Glaube einer Fremden

Wie der Urgroßvater Davids zu seiner Mutter kam

Nachdem Simson ums Leben gekommen war, wandten sich die Israeliten wieder den Götzen der anderen Völker zu. Da wurde das Land von einer Hungersnot heimgesucht, und viele suchten nach einem Ausweg, um dem Hunger zu entkommen. So verließ auch die Familie einer Frau namens Noomi Israel und zog in das Land Moab, denn dort gab es genug zu essen. Doch auch hier wurde Noomi nicht glücklich, denn zuerst starb ihr Mann, dann ihre zwei Söhne, die beide Moabiterinnen geheiratet hatten. Jetzt war Noomi mit ihren beiden Schwiegertöchtern allein. Nach einiger Zeit entschloss sie sich, nach Israel zurückzukehren und die Moabiterinnen zu ihren Familien zurückgehen zu lassen. Doch die beiden Frauen waren damit nicht einverstanden. Während die eine irgendwann einsah, dass es besser wäre, in Moab zu bleiben, ließ sich Rut, die andere Schwiegertochter, nicht überreden, von Noomis Seite zu weichen.

Gerade hatte sich die eine Schwiegertochter verabschiedet, da wandte sich Noomi an Rut: „Schau, deine Schwägerin geht zu ihrem Volk und zu ihren Göttern zurück. Geh du doch mit ihr!"

Doch Rut entgegnete nur: „Versuche nicht länger, mich dazu zu bringen, dich zu verlassen und zu meiner Familie zurückzukehren. Wo du hingehst, werde ich auch hingehen. Wo du dich niederlässt, werde ich mich auch niederlassen. Dein Volk wird mein Volk sein und dein Gott wird auch mein Gott sein. Wo du stirbst, möchte auch ich sterben. Und wo du begraben wirst, möchte auch ich begraben sein. Außer dem Tod kann mich nichts von dir trennen. Sollte ich dich trotzdem verlassen, soll Gott mich hart bestrafen."

Ihre Hingabe berührte Noomi zutiefst. Sie bedrängte Rut nicht länger und setzte mit ihr die Reise nach Israel fort. Schließlich erreichten sie ihre Heimatstadt Betlehem.

Eines Tages sagte Rut zu Noomi: „Lass mich auf die Felder hinausgehen, die gerade abgeerntet werden, und übriggebliebene Ähren einsammeln. Natürlich nur da, wo man mich sammeln lässt."

Noomi war einverstanden, und so zog Rut zum erstbesten Feld los, auf dem gerade geerntet wurde, und fing an, die am Boden liegenden Ähren aufzusammeln. Bald darauf kam Boas, der Besitzer der Felder, der auch in Betlehem wohnte, und grüßte seine Feldarbeiter. Dann entdeckte er Rut und erkundigte sich sofort bei seinem Vorarbeiter, wer diese junge Frau sei.

„Sie ist die Schwiegertochter von Noomi, die wieder aus Moab zurückgekehrt ist", antwortete dieser. „Ach ja, noch etwas: Sie ist Witwe. Und sie hat gefragt, ob sie hinter uns hergehen und die Ähren aufsammeln dürfe, die liegen geblieben sind, was ich ihr erlaubt habe. Sie hat seit dem frühen Morgen ohne Pause gearbeitet und bloß mal im Schatten eine kleine Rast gemacht."

Da sprach Boas Rut an: „Liebe Frau, hör zu. Du brauchst auf keinem anderen Feld zu sammeln. Du kannst hierbleiben und dich meinen Mägden anschließen. Und wenn du siehst, auf welchem Teil des Feldes gerade geerntet wird, dann halte dich an die Arbeiter, und sammle ein, so viel du kannst. Ich werde den Männern sagen, dass keiner dich hart anfahren oder auch nur anfassen darf. Und wenn du durstig bist: Hier stehen genügend Krüge mit Wasser."

Als Rut das hörte, verbeugte sie sich vor Boas, bis ihre Stirn den Boden berührte. Sie erkundigte sich verwirrt, warum er so freundlich zu ihr sei, wo sie doch Ausländerin sei.

„Ich habe schon viel darüber gehört, was du alles für deine Schwiegermutter getan hast, seit ihr Mann gestorben ist", gab Boas ihr zur Antwort. „Ich weiß, dass du deinen Vater und deine Mutter und auch deine Heimat verlassen hast. Du bist hergekommen und musst nun mit einem Volk leben, das dir fremd ist. Möge Gott dir vergelten, was du an Gutem getan hast. Möge der Gott Israels dich reichlich segnen. Du bist zu ihm gekommen und sollst erfahren, wie viel Sicherheit er schenkt und wie sehr er sich um die sorgt, die ihm gehorchen."

„Herr, möge Eure Freundlichkeit mir gegenüber niemals enden. Ihr habt mich so getröstet, indem Ihr so freundlich mit mir gesprochen habt, obwohl ich nicht annähernd so wichtig bin wie eine Eurer Mägde."

Als es Zeit zum Essen war, sprach Boas Rut noch einmal an: „Komm her und iss mit uns! Es gibt Brot, das du in diese Soße tunken kannst."

So setzte sich Rut zu den übrigen Arbeitern. Boas bot ihr geröstetes Brot an, so viel, dass sie nicht alles aufessen konnte.

Dann sammelte sie weiter die Ähren auf – bis zum Abend. Nachdem sie die Spreu von den Körnern getrennt hatte, konnte sie mit mehr als zwölf Kilo Getreide nach Hause gehen.

Noomi staunte nicht schlecht über die Menge und auch darüber, dass Rut vom Mittagessen ebenfalls noch etwas mitgebracht hatte. „Sag mal, wo hast du heute Ähren aufgesammelt?", erkundigte sie sich bei Rut. „Wo hast du denn gearbeitet? Gott segne den Mann, der dir das erlaubt hat."

Da erzählte Rut ihr, dass der Mann, auf dessen Feldern sie an diesem Tag gewesen war, Boas hieß. Als Noomi diesen Namen hörte, wusste sie, dass Gott letztlich doch alles zum Guten führt. Denn Boas war ein enger Verwandter ihres verstorbenen Mannes und nach dem Gesetz einer von zwei Männern, die verpflichtet waren, ihnen zu helfen.

Von da an verbrachte Rut viel Zeit mit den Mägden des Boas und durfte den Ertrag des Tages zu ihrer Schwiegermutter bringen, mit der sie auch weiterhin zusammenlebte.

Boas war auch in der Folgezeit besonders freundlich zu Rut. Weil er nun mal ein enger Verwandter war, kümmerte er sich sehr intensiv um die beiden Frauen. Bis er schließlich alle Hindernisse beseitigt hatte und Rut heiraten konnte. So wurde Rut die Frau von Boas. Gott segnete beide und sie wurde schwanger. Zur Freude aller brachte sie einen Sohn zur Welt.

Die Frauen des Ortes sagten zu Noomi: „Wir danken

Gott, denn er hat für dich einen Beschützer eingesetzt. Möge das Kind in ganz Israel bekannt werden! Er wird dein Leben noch einmal aufblühen lassen, und er wird sich um dich kümmern, wenn du alt bist. Er ist der Sohn deiner Schwiegertochter, die dich wirklich liebt. Sie ist besser zu dir als sieben Söhne." Und Noomi nahm ihren Enkel auf den Schoß und kümmerte sich so intensiv um ihn, dass die Frauen im Ort sagten: „Eigentlich hat Noomi wieder einen Sohn bekommen."

Sie gaben dem Kleinen den Namen Obed. Er wurde der Vater von Isai, dessen Sohn eine der größten Persönlichkeiten sein sollte, die Israel je gehabt hat: David.

Kapitel 10

Königswahl wider besseres Wissen

„Wir wollen auch, was die anderen haben!"

Obwohl Hanna von ihrem Mann geliebt und verwöhnt wurde, nahm ihre Traurigkeit von Jahr zu Jahr zu. Der Grund dafür war, dass sie keine Kinder bekommen konnte. Eines Tages war sie wieder mal bei dem Heiligtum, zu dem ihre Familie jedes Jahr einmal pilgerte.

Hanna war mittlerweile sehr verbittert, hatte aber die Hoffnung noch nicht aufgegeben. So betete sie inständiger als sonst: „Herr, du hast alles in der Hand, du kannst auch mein Leiden beenden. Bitte zeige mir doch, dass du dich um mich kümmerst, und schenke mir einen Sohn. Ich will ihn dir auch ganz weihen, damit er dir ein Leben lang dienen kann."

Das Heiligtum wurde von einem Priester betreut, der Eli hieß. Als er Hanna so aufgelöst sah und bemerkte, dass sie ihre Lippen bewegte, ohne laut etwas zu sagen, dachte er, sie sei betrunken, und wurde dementsprechend ziemlich grob zu ihr. Doch er beruhigte sich, als er ihre Erklärung hörte.

„Ich habe großen Kummer und den habe ich Gott mitgeteilt. Denkt also nicht, ich sei eine schlechte Frau. Ich habe so intensiv gebetet, denn ich halte den Schmerz kaum noch aus."

Daraufhin gab ihr Eli ein Wort der Hoffnung mit: „Geh in Frieden, der Gott Israels wird dir geben, worum du ihn gebeten hast."

Hanna verabschiedete sich und kehrte zum gemeinsamen Essen mit der Familie zurück. Ihr Gesicht war wie verwandelt, es war keine Spur mehr von Traurigkeit zu sehen.

Und tatsächlich: Hanna wurde schwanger und brachte einen Sohn zur Welt. Sie gab ihm den Namen „Samuel", was „von Gott erbeten" bedeutet.

Hanna war mehr als glücklich, als Samuel geboren wurde. Sie liebte ihn über alles und kümmerte sich in ihrem Haus um ihn. Aber sie wusste auch, dass diese Zeit einmal vorbei sein würde, denn sie hatte ihren Sohn Gott versprochen.

Und so brachte sie Samuel eines Tages zu Eli: „Herr, ich bin die Frau, die einmal hier stand und so betete, dass Ihr sie für betrunken gehalten habt. Ich habe Gott damals um einen Sohn angefleht und hier steht er nun vor Euch. Gott hat mir gegeben, worum ich ihn gebeten habe, nun gebe ich ihm, was ich versprochen habe. Solange Samuel lebt, soll er dem Herrn dienen."

Und alle freuten sich und priesen Gott. Dann betete Hanna:

„Der Herr hat mein Herz mit Freude erfüllt.
Er hat mich stark gemacht.

Jetzt kann ich über meine Spötter lachen.
Weil ich glücklich bin, weil Gott mich erhört hat.
Niemand ist wie Gott, unser Herr.
Es gibt niemanden, den man mit ihm vergleichen könnte.
Es gibt keinen Felsen, auf dem man stehen könnte, als unser Gott."

Gott zeigte Hanna wirklich, dass er auf jeden achtet, der zu ihm kommt. Hanna wurde wieder schwanger und während weniger Jahre bekam sie drei weitere Söhne und zwei Töchter. Doch in dieser Zeit wuchs Samuel im Heiligtum heran und auch immer mehr in seinen Dienst für Gott hinein.

Samuel diente also schon als kleiner Junge unter der Anleitung von Eli im Heiligtum. Damals kam es nur noch sehr selten vor, dass Gott zu den Menschen sprach, und auch Visionen hatte kaum noch jemand. Eli war mit den Jahren alt geworden und fast erblindet. Eines Nachts, Eli lag wie immer in seinem Raum, schlief Samuel zur Bewachung bei der Bundeslade. Die Flamme im Allerheiligsten brannte noch. Da rief Gott Samuel.

„Ja, hier, ich komme sofort", antwortete Samuel. Und er lief in den Nebenraum zu Eli. „Hier bin ich, du hast mich gerufen."

Doch Eli konnte ihm nur sagen: „Ich habe dich nicht gerufen, geh und leg dich wieder hin."

Das passierte in dieser Nacht noch zweimal. Dann begriff Eli, dass es wohl Gott war, der Samuel gerufen hatte. So gab er ihm den Rat: „Wenn er dich noch einmal ruft, dann sage einfach: Rede, Herr, dein Diener hört." Also ging Samuel zurück und legte sich wieder hin.

Da stand mit einem Mal Gott selbst im Raum und rief wie schon die drei Male zuvor: „Samuel, Samuel!"

Und Samuel antwortete diesmal: „Rede, Herr, dein Diener hört."

Gott wusste, dass die Israeliten jemanden brauchten, der sie führen konnte, und er wählte Samuel für diese Aufgabe aus. Während Samuel heranwuchs, sprach er bereits immer wieder mit Gott. Er lernte es, den Israeliten zu sagen, was Gott vorhatte, und die Menschen hörten tatsächlich auf ihn. Auf Samuel konnte Gott sich immer verlassen, was für das Volk Israel noch von entscheidender Bedeutung sein sollte.

Leider konnte man das von Samuels Söhnen nicht sagen. Sie nutzten ihr Richteramt schamlos aus, um sich zu bereichern. Sie verdrehten das Recht, wenn es ihnen nur genug Geld einbrachte.

So versammelten sich eines Tages die Ältesten von Israel bei Samuel in Rama und sagten ihm direkt, was ihnen am Herzen lag: „Samuel, du bist jetzt schon älter und deine Söhne sind das pure Gegenteil von dir. Wir möchten, dass du uns einen Mann auswählst, der unser König sein kann. Wir wollen einen richtigen König, so wie alle anderen Völker um uns herum auch einen haben!"

Samuel war von diesem Vorhaben wenig begeistert, reagierte aber nicht, bevor er nicht mit Gott über diese Angelegenheit gesprochen hatte.

Zu seinem Erstaunen sagte ihm Gott: „Höre genau hin, was das Volk dir zu sagen hat. Sie haben sich ja nicht von dir abgewandt, sondern von mir. Sie wollen nicht, dass ich ihr einziger König bin. Sie handeln so, wie sie sich immer verhalten haben: Mich lassen sie links liegen, um ihren eigenen Vorstellungen nachzurennen. Das geht schon seit vielen Jahrhunderten so – es hat damals in Ägypten angefangen, und bis heute hat sich nichts dran geändert. Jetzt allerdings setzen sie auch dich ins Aus. Aber gib ihnen ruhig, was sie sich wünschen. Doch warne sie mit allem Ernst vor dem, was auf sie zukommt, wenn sie erst einmal einen König haben."

Samuel redete mit den Versammelten ganz offen über das, was Gott ihm gesagt hatte.

Dann beschrieb er ihnen, was sie von einem König zu erwarten hatten: „Er wird eure Söhne zwangsverpflichten, weil er sie für den Dienst an seinen Wagen und Pferden braucht. Sie werden vor seinem Wagen herlaufen müssen. Andere wird er zu Kommandeuren machen, was noch besser ist, als auf den Feldern des Königs zu schuften. Wer handwerklich begabt ist, wird für ihn Waffen herstellen oder Ersatzteile für seine Streitwagen. Doch das ist noch lange nicht alles. Er wird euch eure Töchter nehmen, die für ihn wohlriechende Salben herstellen oder für ihn kochen und backen. Er wird eure besten Felder und Weinberge sowie eure Olivenhaine beschlagnahmen, weil er sie für sich selbst nutzen und damit seine Dienerschaft versorgen will. Er wird zehn Prozent eures Getreides und eurer Früchte von euch fordern, um damit seine Beamten und den Hofstaat zu unterhalten. Schließlich werdet ihr noch Knechte und Mägde an ihn abtreten müssen und aus euren Herden wird er sich die besten Kühe und Esel aussuchen. Er wird von euch auch zehn Prozent eurer Ziegen und Schafe verlangen. Und mit all dem kann er tun, was er will. Kurzum: Ihr werdet am Ende zu seinen Sklaven.

Wenn diese Zeiten kommen – und sie werden kommen! –, werdet ihr zum Herrn schreien, aber er wird eure Hilfeschreie nicht hören. Ihr werdet dann keine Antwort bekommen."

Doch egal, was Samuel auch sagte, die Versammlung wollte ihm einfach nicht mehr zuhören. Sie blieben dabei: „Wir wollen einen König, der uns regiert! Dann werden wir wie all unsere Nachbarvölker sein. Wir möchten jemanden haben, der unsere Schlachten plant und uns führt und uns vorangeht, wenn wir in den Kampf ziehen."

Samuel hörte sehr genau, was das Volk da verlangte, und er sprach erneut mit Gott darüber. Und Gott bestätigte ihm: „Höre auf sie! Gib ihnen einen König."

In Israel war es eigentlich so, dass es nur einen König gab, und das war Gott selbst. Doch mit einem Mal wollten die Israeliten einen König, wie ihn die anderen Völker auch hatten. Gott wusste, dass ein König das Leben für seine Untergebenen nicht leichter machen würde, doch er ließ Samuel wissen, dass er dem Wunsch seines Volkes entsprechen möchte. Er selbst wählte einen Mann namens Saul aus, der der erste König des Landes sein sollte.

Saul suchte Samuel eigentlich nur deshalb auf, damit dieser ihm half, seine verloren gegangenen Esel wiederzufinden. Doch Samuel nutzte die Gelegenheit, um ihn zum König zu salben.

Gott hatte Samuel einen Tag, bevor Saul bei ihm auftauchte, auf das Zusammentreffen vorbereitet: „Morgen um diese Zeit werde ich dir einen Mann schicken, der vom Stamm Benjamin ist. Salbe ihn zum König über mein Volk Israel. Er wird sie vor den gewalttätigen Angriffen der Philister schützen. Ich sehe ja, wie sehr mein Volk unter ihnen leiden muss. Seinen Schrei nach Hilfe habe ich nicht überhört."

Als Samuel am nächsten Tag einen Mann auf sich zukommen sah, erinnerte ihn Gott daran: „Das ist der Mann, von dem ich gesprochen habe. Sein Name ist Saul und er soll mein Volk regieren."

Am Stadttor trafen beide zusammen. Saul fragte Samuel, wo er den „Seher" finden könne, worauf Samuel sich ihm zu erkennen gab. Er lud Saul und seinen Begleiter zum Essen ein und versprach ihm, am nächsten Tag auf das einzugehen, was Saul beschäftigte. Er solle sich übrigens keine Gedanken wegen der Esel machen, die er suche, die seien längst gefunden. Dann aber sagte er wörtlich: „Wonach sucht wohl das ganze Volk Israel? Nach dir und der gesamten Familie deines Vaters!"

Doch Saul wehrte ab: „Ich gehöre zum Stamm Benjamin, das ist nun mal der kleinste Stamm in Israel, und dazu auch noch aus einer unbedeutenden Familie innerhalb unseres Stammes. Wie kommst du nur darauf, mir so etwas zu sagen?"

Da nahm Samuel eine Flasche Öl und goss es über den Kopf von Saul. Dann küsste er ihn und sagte: „Gott hat dich dazu gesalbt, Anführer seines Volkes zu werden. Falls du Zweifel haben solltest: Sobald ihr mich verlassen habt, werdet ihr zwei Männer treffen, die euch erzählen werden, dass die Esel zwar gefunden wurden, dass Sauls Vater sich aber große Sorgen macht, wo sein Sohn abgeblieben ist.

Später wirst du Gibeat erreichen. Sobald du dich der Stadt näherst, wird dir eine Gruppe von Propheten begegnen, die gerade von einer Anhöhe herunterkommen, auf der sie Gott angebetet haben. Sie werden auf allen möglichen Instrumenten spielen und dazu tanzen. Ihre Begeisterung wird auch auf dich überspringen. Der Geist Gottes wird mit Macht über dich kommen. Auch du wirst dann prophezeien und spüren, dass du ein völlig neuer Mensch geworden bist. Wenn all das passiert ist, überlass dich einfach der Führung Gottes, und tue das, was dir dann in den Sinn kommt."

Schon als Saul Samuel verließ, hatte er das Gefühl, Gott habe sein Herz bereits verändert. Jedenfalls geschah alles so, wie Samuel es ihm für diesen Tag vorausgesagt hatte.

Zunächst war Saul ein wirklich guter König. Gottes Geist hatte ihn zu einem mutigen, intelligenten und guten Anführer gemacht. Doch irgendwann entschied er sich dafür, nicht mehr auf das einzugehen, was Gott von ihm erwartete. Dies war der Anfang vom Ende, denn Gott entzog ihm seinen Geist, der ihn zu einem guten König gemacht hatte.

Daraufhin beauftragte Gott Samuel erneut, nach einem neuen König Ausschau zu halten, einem Mann, der Gott mehr liebte als alles andere und der immer versuchen würde, das umzusetzen, was Gott von ihm erwartete.

Kapitel 11
Vom Hirten zum König

Cool und mutig, dieser David

Gott wusste, wen er sich als neuen König von Israel vorstellen konnte, darum schickte er Samuel nach Betlehem, damit dieser dort heimlich, still und leise den neuen König salben konnte. Als Samuel bei der Familie des Isai war, konnte er es fast nicht glauben, wen Gott sich auserwählt hatte: keinen großen, stattlichen Mann, sondern einen sympathischen kleinen Hirtenjungen: David!

Obwohl ganz klar war, dass David der neue König werden würde, sollten nur Samuel, David und seine Familie davon wissen. Gott wollte, dass sie warteten, bis der richtige Zeitpunkt gekommen war, um ihn zum König über Israel auszurufen. Immerhin war Saul ja noch König.

Und wieder einmal gab's Krieg zwischen den Israeliten und den Philistern ...

Die Philister hatten zum wiederholten Mal ein riesiges Heer aufgeboten, um gegen Israel zu kämpfen. Beide Heere schlugen ihr Lager in der Nähe des Eichentales auf, an dessen Hängen sich nun schon seit Tagen die Soldaten gegenüberstanden, nur noch von einer Talsenke getrennt.

Da trat – wie jeden Tag – ein gewaltiger Krieger vor die Schlachtreihen der Philister. Sein Name war Goliat und er war gut drei Meter groß. Auf seinem Kopf trug er einen bronzenen Helm, auch sein Brustpanzer (er wog gut einen Zentner) und seine Beinschienen waren aus Bronze. Genauso gewaltig waren auch seine Waffen: Lanze, Speer und Schwert.

Dieser Goliat stellte sich vor seine Soldaten und schrie zu den Israeliten hinüber: „Warum seid ihr hergekommen und stellt euch für einen Kampf auf? Ich bin ein Philister, ihr seid Knechte dieses Saul. Entscheiden wir doch mit einem Mann eurer Wahl die Schlacht in einem Zweikampf. Wer gewinnt, dessen Seite gehört der Sieg."

Vierzig Tage lang wagte es keiner der Israeliten, mit ihm zu kämpfen. Jedes Mal, wenn Saul und seine Männer bloß seinen gewaltigen Speer sahen, fingen sie schon an zu zittern.

Davids Brüder waren ebenfalls Soldaten und hielten sich in diesem Heerlager auf, als ihn sein Vater mit einiger Zusatzverpflegung dorthin schickte.

Schon früh am Morgen kümmerte David sich darum, dass ein anderer Hirte auf die Schafe seines Vaters aufpassen würde, dann nahm er den Proviant und ging in die Richtung, die ihm sein Vater genannt hatte. Er kam gerade in dem Moment in dem Lager an, als sich alle für den Kampf bereit machten. Beide Heere standen sich kampfbereit gegenüber. Und dann bekam David mit, wie wieder einmal Goliat vor die Schlachtreihen trat und sich über die Israeliten lustig machte. Da erkundigte sich David bei den umstehenden Soldaten, wer der Kerl denn sei und für wen er sich eigentlich halten würde. Immerhin hätten sie Gott auf ihrer Seite.

Davids ältester Bruder Eliab wurde wütend, als er seinen kleinen Bruder so reden hörte, doch David sagte nur: „Was habe ich denn getan? Man wird doch wohl noch was sagen dürfen?!"

Doch sein Fragen blieb nicht unbemerkt. Schon bald wurde es Saul gemeldet, der den Jungen kommen ließ, denn dieser hatte den Soldaten erklärt, er würde gegen Goliat antreten, der sich über Gott lustig machte. Saul war einverstanden und bot David seine Rüstung an, doch der versank regelrecht in dem schweren Brustpanzer und entschied sich, so wie er war, gegen den Riesen anzutreten – mit seinem Hirtenstecken und seiner Schleuder.

„Dann geh so und möge der Herr mit dir sein", willigte Saul ein.

David holte sich vom Bach fünf glatte Kieselsteine und steckte sie in seine Hirtentasche. Dann ging er auf Goliat zu.

Als Goliat merkte, dass sich ihm nur eine halbe Portion näherte, wurde er wütend. „Glaubst du vielleicht, ich bin ein Hund, dass du mir mit einem Stock entgegentrittst?", schrie er ihn an. Gleichzeitig verfluchte er ihn bei seinen Göttern. „Komm her zu mir, damit ich Vogelfutter aus dir machen kann!"

David blieb jedoch unbeeindruckt. Er sagte nur: „Du kommst dir mit deinem Schwert, der Lanze und dem Wurfspeer wohl mächtig stark vor? Ich dagegen komme im Namen des allmächtigen Gottes. Er ist der Gott des Heeres der Israeliten. Du hast es also gewagt, ihn selbst herauszufordern! Noch an diesem Tag wird Gott dich mir ausliefern. Ich werde dich besiegen, damit die ganze Welt erkennt, dass es nur einen einzigen Gott gibt: den Gott Israels."

Als nun der Philister näher kam, um David anzugreifen, lief dieser schnell zu der Kampflinie, nahm einen Stein aus seiner Tasche, legte ihn in seine Schleuder und schleuderte ihn auf Goliat. Der Stein traf diesen mitten auf die Stirn und drang tief in den Schädel ein. Daraufhin fiel der riesige Mann wie ein gefällter Baum um. David lief schnell zu ihm und schlug ihm mit seinem eigenen Schwert den Kopf ab.

David hatte mit Gottes Hilfe Goliat besiegt, und die Philister versuchten zu fliehen, wurden aber von den Israeliten an diesem Tag vernichtend geschlagen. David war der unbestrittene Held der Ereignisse, und schon bald wurden Lieder gesungen, die ihn mit Saul verglichen – in denen dieser aber nicht gerade gut wegkam. Saul wurde eifersüchtig und begann, David zu hassen. Er fürchtete, das Volk würde ihn absetzen und David zum König machen. Kein Wunder, dass er nur auf eine Gelegenheit wartete, David umzubringen. Nachdem der König ihn mehrmals mit seinem Wurfspeer verfehlt hatte, wurde David klar, dass er untertauchen musste, wenn er am Leben bleiben wollte. Und er wusste, wer allein ihn letztlich beschützen konnte. Hier eines seiner Gebete aus dieser Zeit, in der er auf der Flucht vor Saul war.

„Herr, rette mich vor meinen Feinden.
Beschütze mich vor denen, die mir das Leben schwermachen.
Befreie mich von denen, die mir Böses antun,
ja, mich umbringen wollen.

Sieh nur, wie sie auf der Lauer liegen und auf mich
warten!
Herr, Menschen sind wütend auf mich und wollen mich
umbringen,
obwohl ich ihnen nicht das Geringste getan habe.
Ich habe nichts getan, was falsch gewesen wäre.
Doch sie warten nur darauf, mich anzugreifen.
Herr, erhebe dich und steh mir bei!
Schau, womit ich fertigwerden muss.
Gott, du hast alles in deiner Hand.
Darum verlasse ich mich auf dich,
denn du machst mich stark.
Du bist für mich wie eine Burg,
ja, du bist der Gott, der mir voller Güte begegnet.
Ich will deine Macht besingen,
am Morgen schon deine Liebe preisen.
Wie eine Burg bist du für mich in Zeiten größter Not,
ich werde nicht aufhören, dich zu loben und zu preisen."

David liebte Gott wirklich, und er vertraute ihm bei allem, was ihm passierte. Er wusste, dass Gott ihn vor Saul bewahren würde. Egal, wohin er ging oder welche Schwierigkeiten er auch bewältigen musste, er wusste immer, dass Gott auf ihn aufpasste. Als Saul und seine drei Söhne später in einem Krieg gegen die Philister ums Leben kamen, wurde David König von Israel. Gott segnete David und sein Königreich in überfließendem Maß. Doch schon damals gewährte Gott David einen Blick in die ferne Zukunft, indem er ihm das Versprechen gab, dass von ihm einmal ein König abstammen würde, dessen Herrschaft niemals endet ...

Kapitel 12

Mehr als ein Skandal

Nobody is perfect – nicht mal ein David

David tat mit ganzem Herzen, was Gott von ihm erwartete. Doch einmal hakte es bei ihm völlig aus. Er verliebte sich in eine Frau, Batseba, die längst mit einem anderen verheiratet war, und als sie schwanger wurde, versuchte er, diesen Skandal zu vertuschen. Als nichts half, sorgte er dafür, dass ihr Ehemann bei einem Kampf ums Leben kam. Jetzt war der Weg für ihn frei und er konnte Batseba heiraten.

Mit all dem konnte Gott nicht einverstanden sein, und er machte David klar, dass er die Folgen seines Verhaltens tragen müsse. David nahm die Zurechtweisung an und schrieb in seiner großen Ehrlichkeit das nachfolgende Gebet:

„Gott, deine Güte und dein Erbarmen sind unermesslich,
darum erbarme dich jetzt bitte auch über mich,
und vergib mir meine Verfehlung.
Meine Schuld lastet schwer auf mir,
nimm sie mir ab, und wasche auch die Sünde von mir ab.
Mir ist klar, dass das, was ich getan habe,
einfach nur schlimm war.

Ich schäme mich und muss ständig an meine Schuld
denken.
Vor allem, weil ich mich in erster Linie gegen dich
versündigt habe.
Was ich getan habe, ist dir zuwider,
darum hältst du mir zu Recht mein Versagen vor.
Was könnte ich dagegen einwenden?
In meinem Leben ist so viel Schuld,
eigentlich schon seit ich geboren wurde.
Bisher habe ich das nicht so erkannt,
doch du hast mir die Augen geöffnet.
Mich tröstet es, zu wissen, dass es dir Freude macht,
wenn jemand die Wahrheit erkennt.
Gott, nimm meine Schuld von mir,
dann stehe ich vor dir, wie du mich haben willst.
Wasche du mich, Herr, dann werde ich weiß wie Schnee.
Lass mich wieder Freude erleben …
Herr, schaue nicht mehr auf meine Verfehlungen,
lösche meine Schuld für immer!
Du kannst einen neuen Menschen aus mir machen,
der dir treu und zuverlässig folgt.
Bitte schicke mich nicht von dir weg
und nimm deinen Heiligen Geist nicht von mir.
Wenn du mir jetzt hilfst, bin ich wieder froh.
Du wirst mir ein gehorsames Herz schenken!
Dafür werde ich alle, die dir nicht gehorchen,
an deine Gebote erinnern,
damit sie von ihren falschen Wegen umkehren
und dir wieder Freude machen."

Und in einem anderen Gebet schreibt David:

„Wer Gottes Gebote links liegen lässt,
schafft sich selbst die größten Probleme.
Wer aber sein ganzes Vertrauen auf ihn setzt,
der wird die Güte Gottes erleben.
Wenn ihr auf Gottes Weisungen achtet,
dann freut euch und jubelt.
Seid fröhlich, wenn ihr Gott treu seid,
ihr könnt vor Freude singen!"

Gott vergab David, und David selbst tat mehr denn je alles, um den Willen Gottes zu tun. Jahre später brachte Batseba einen Sohn zur Welt, den sie „Salomo" nannten. Doch die Freude an diesem außergewöhnlichen Jungen wurde von schrecklichen Ereignissen in der Familie überschattet. Einer der Söhne Davids, Absalom, zettelte eine Palastrevolte an, um selbst den Thron zu besteigen. In der entscheidenden Schlacht zwischen seinen Anhängern und den königstreuen Truppen kam er ums Leben. Dieser Tod löste in David eine geradezu maßlose Trauer aus.

Doch auch dieser Schicksalsschlag konnte ihn nicht davon abbringen, seinen Gott zu lieben und anzubeten. Viele Jahre hindurch dachte er darüber nach, welches besondere Geschenk er Gott machen könnte. Und da kam ihm eine Idee: einen massiven Tempel nach den Maßen und Vorgaben des „Zeltes der Begegnung" aus den Zeiten des Mose.

Eines Tages versammelte David das Volk, um zu ihm zu sprechen: „Gott hat meinen Sohn Salomo für eine Aufgabe auserwählt, die für ihn viel zu groß ist. Schließlich ist er noch jung und hat noch nie mit einem solchen Projekt zu tun gehabt. Der Tempel, den wir planen, wird nämlich nicht für Menschen erbaut, sondern für Gott. Ich selbst werde meinen ganzen Reichtum für diesen Tempel hergeben sowie Gold und Silber für alles, was daraus gefertigt werden muss. Auch Bronze und Eisen in großen Mengen sowie verschiedene Holzarten. Schließlich auch die unterschiedlichsten Edelsteine und Marmor.

Ihr seht, ich sehne mich von ganzem Herzen danach, dass dieser Tempel gebaut wird. Meine Frage ist nun: Was seid ihr bereit zu geben? Nicht mir, sondern für das Haus des Herrn?"

Die Reaktion war überwältigend. Vor allem aber sahen die einfachen Leute, wie viel die führenden Männer bereit waren, für den Tempelbau zu spenden, und das aus ganzem Herzen! Kein Wunder, dass sich König David über alle Maßen freute. Vor der ganzen Versammlung fing er plötzlich an zu beten:

„Herr, wir loben und preisen dich,
du bist der Gott unseres Vorfahren Jakob.
Wir werden nicht aufhören, dich zu preisen.
Herr, du bist groß und mächtig,
Ehre, Majestät und Schönheit gehören dir allein.
Alles im Himmel und auf der Erde gehört dir,
du besitzt die Herrschaft über alles.
Wohlstand und Ehre kommen von dir,
du bestimmst alles, was unser Leben betrifft:
Kraft und Stärke kommen aus deiner Hand,
wer hat ohne dich Kraft, wer Ansehen?
Darum danken wir dir, Gott, von Herzen
und preisen deinen wunderbaren Namen.

Mein Gott, ich weiß, dass du unsere Herzen prüfst und dich freust, wenn wir ehrlich sind. Du weißt also auch, was mich bewegt, dir all das zu geben. Und so freue ich mich darüber, dass dein Volk dir alles auch mit der gleichen Herzenshaltung als Geschenk anbietet.

Herr, du bist der Gott Abrahams, Isaaks und Jakobs. Halte diese Sehnsucht für immer in den Herzen deines Volkes wach und lass es dir treu bleiben. Hilf du bitte auch meinem Sohn Salomo, dass er dir mit ungeteiltem Herzen dient. Dann wird er gern deinen Weisungen folgen und tun, was du von ihm erwartest. Er ist bereit, alles zu tun, um dir den Tempel zu bauen, für den ich schon einiges vorbereitet habe."

Dann wandte sich David wieder an alle Versammelten: „Preist den Herrn, unseren Gott!" Und alle, wie sie da waren, warfen sich vor Gott nieder und lobten und priesen ihn aus ganzem Herzen.

David war ein erstaunlicher Mann: Er war ein hervorragender Stratege, der viele Schlachten gewann, er war der vielleicht beste König, den Israel je hatte, er entwarf den Tempel und kümmerte sich darum, dass alle nötigen Baumaterialien zur Verfügung standen, und er war ein großer Musiker und Dichter. Wir haben heute noch dreiundsiebzig Gebete (Gedichte, auch Psalmen genannt) von ihm, und viele davon gehören zum Schönsten, was je geschrieben wurde. Ein Beispiel dafür ist sein Psalm, in dem er Gott als seinen Hirten beschreibt. Da er Hirte war, wusste David sehr genau, wie es so einem Schaf geht. (Aus der Sicht eines Schafes ...)

„Der Herr ist mein Hirte,
mir fehlt einfach nichts.
Er führt mich zu Ruheplätzen
an frischem Wasser
und immer auf guten Wegen,
denn so ist er nun mal, mein Hirte, er kann gar nicht anders.
Selbst wenn ich durch finstere Schluchten gehen müsste,
sein Stecken und sein Hirtenstab machen mir Mut.
Ich habe keine Angst, weil er bei mir ist.
Er füllt meinen Futtertrog
und andere böse Tiere bekommen nichts davon ab.
Er versorgt meine Schrammen am Kopf mit Öl,
und er füllt die Tränke bis zum Rand.
Ich darf so sicher sein,
dass seine Güte und Liebe zu mir nie nachlassen.
Mein Leben lang darf ich in seiner Nähe bleiben!
Mäh! Pardon: Amen!"

Kapitel 13

Märchenkönig ohne Happy End

Erst weise wie keiner und dann doch ziemlich beschränkt

Vierzig Jahre lang war David König und er führte in dieser Zeit sein Volk außergewöhnlich gut. Als es mit ihm zu Ende ging, übergab er die Regierungsgeschäfte an seinen Sohn Salomo. Aber nicht nur das. Er überließ ihm auch die Pläne für den Tempelbau und die Erkenntnis seines Lebens: Bleib in allem Gott treu!

Als Salomo König wurde, fand er völlig andere Voraussetzungen vor als sein Vater: Israel hatte an allen Grenzen Ruhe, und das Volk konnte in Frieden leben, weil es keine Kriege mehr gab. Unter Salomo wurde Israel zu einer geachteten Nation, weil dieses Land von einem Mann regiert wurde, der sich von Gott nichts anderes als Weisheit erbeten hatte.

Salomo schloss mit dem Pharao, dem König von Ägypten, einen Friedensvertrag und heiratete gleich noch dessen Tochter. Er brachte sie in die Stadt Davids nach Jerusalem. Dort lebte sie, bis der Palast gebaut sowie die Stadtmauer und der Tempel des Herrn vollendet waren.

Solange der Tempel noch nicht fertig war, opferte Salomo, wie damals üblich, bei den Kultstätten auf bestimmten Hügeln.

So kam er auch eines Tages nach Gibeon, um ein großes Opferfest zu Ehren Gottes abzuhalten.

Während er dort war, hatte er nachts einen Traum, in dem Gott zu ihm sprach: „Du kannst mich um alles bitten, ich werde es dir geben."

Da entgegnete Salomo: „Herr, mein Gott, du selbst hast dafür gesorgt, dass ich nun auf dem Thron meines Vaters sitze, der dir gedient und der dich wirklich geliebt hat. Du hast ihm bei allem beigestanden, aber jetzt habe ich große Verantwortung und bin doch noch so jung. Das Volk, das du dir auserwählt hast, ist mittlerweile eine große Nation geworden. Bitte schenke mir Weisheit, damit ich diese vielen Menschen richtig führen kann. Ich muss in jedem Fall wissen, was richtig und was falsch ist. Wie könnte ich sonst so ein großes Volk regieren?"

Gott gefiel sehr, was Salomo sich erbeten hatte, und so antwortete er ihm: „Du hast dir weder ein langes Leben noch Reichtum gewünscht, nicht einmal, dass ich deine Feinde aus dem Weg räume, sondern du hast um Weisheit gebeten. Du möchtest richtig und fair urteilen, wenn du über andere richten musst. Weil du dir das gewünscht hast, gebe ich dir nicht nur Weisheit und Urteilsvermögen, so wie es noch kein Mensch vor dir hatte und auch keiner, der nach dir kommen wird, sondern ich werde dich obendrein mit Reichtum und Ehre beschenken. Solange du lebst, wird es keinen König geben, der mit dir vergleichbar wäre. Bleibe nur auf meinen Wegen, achte treu auf meine Weisungen, wie es dein Vater David getan hat, dann wirst du ein langes, gutes Leben führen."

In diesem Augenblick wachte Salomo auf und merkte erst da, dass er geträumt hatte.

Er kehrte nach Jerusalem zurück und verbrachte längere Zeit vor der Bundeslade. Dann brachte er Opfer dar und ließ ein großes Festessen für seinen gesamten Hofstaat veranstalten.

Gott schenkte Salomo wirklich außergewöhnliche Weisheit. Niemand, der damals lebte, besaß auch nur annähernd so viel Klugheit wie er. Ständig machte sich Salomo Gedanken über das Leben und wie man es am besten leben könnte. Diese Gedanken wurden zum Teil aufgeschrieben, und sie befinden sich in der Bibel in einem Buch, das den Titel „Sprüche" oder auch „Sprichworte" trägt.

Hier sind einige Beispiele:

Die Sprüche Salomos lehren dich Weisheit.
Sie helfen dir, das Leben zu verstehen.
Sie trainieren dich dafür, dein Leben weise zu führen.
Sie bringen dir bei, was richtig, ehrenhaft und gerecht ist.
Sie schenken selbst Kindern Einsicht
und jungen Leuten Wissen und Durchblick.
Wenn du wirklich weise sein willst,
musst du lernen, Respekt vor Gott zu haben.
Nur sehr dumme Menschen hassen Weisheit und das
Bemühen darum.
Mein Sohn, vergiss nicht, was ich dich lehren will.
Bewahre meine Ratschläge in deinem Herzen.
Sie werden dir helfen, ein langes Leben zu führen.
Und sie werden dir helfen, Erfolg zu haben.
Lass niemals zu, dass Liebe und Wahrheit
aus deinem Leben verschwinden.

Am besten, du trägst sie immer bei dir.
Dann wirst du geschätzt werden,
nicht nur von den Menschen, sondern von Gott selbst.
Vertraue mit deinem ganzen Herzen auf Gott,
verlass dich nicht auf das bisschen Wissen, das du hast.
Wohin du auch gehst, was immer du tust: Denk an ihn.
Dann wird Gott selbst deine Wege ebnen.
Nach *deiner* Einschätzung musst du nicht weise sein.
Überlass das Gott.
Habe Achtung vor Gott und mach einen Bogen um das Böse.
Wenn du so lebst, wirst du gesund sein
und dein ganzer Körper stark und widerstandsfähig.
Ehre Gott mit dem, was du hast.
Gott fordert die heraus, die er liebt.
Er ist wie ein Vater, der seinen Sohn streng erzieht, weil er ihn liebt.
Es gibt Gold, und es gibt eine Menge Juwelen –
aber wirklich kostbar sind Lippen, die weise Worte hervorbringen.
Essen, das mit Betrug erworben wurde, schmeckt zwar süß,
doch hinterher hat man das Gefühl, Sand im Mund zu haben.
Wer vorsichtig ist in allem, was er sagt,
hält sich viele Probleme vom Hals.
Weder Weisheit noch kluge Sprüche, noch irgendwelche Pläne kommen gegen Gott an.
Du kannst ein Pferd auf einen Kampftag vorbereiten,
doch es siegt nur dann, wenn Gott ihm die Kraft zu siegen schenkt.

König Salomo hatte den Auftrag, für Gott einen Tempel zu bauen. Sieben Jahre lang bearbeiteten Tausende von Handwerkern Steine, Holz, Metall und überzogen vieles mit Gold. Es entstand ein Bauwerk, das nicht sonderlich groß, dafür aber umso prachtvoller war.

Zur Einweihung lud Salomo alle führenden Leute seines Reiches ein. Es war ein besonderer Moment, als die Bundeslade an ihren Platz im Tempel gestellt wurde.

Salomo stand vor dem neuen Altar, hinter ihm eine große Menschenmenge. Feierlich breitete er die Arme zum Himmel aus und betete:

„Herr, du bist der Gott Israels, es gibt keinen anderen Gott im Himmel und auf Erden außer dir. Du hast den Bund, den du mit uns geschlossen hast, eingehalten und uns so deine Liebe gezeigt. Das hast du immer getan, wenn wir dir von ganzem Herzen treu waren. Du hast dein Versprechen gehalten, das du meinem Vater David gegeben hast. Und heute dürfen wir alle miterleben, wie dieses Versprechen Wirklichkeit wird.

Wir wissen, dass dies nicht wirklich deine Wohnung auf Erden sein kann. Weder Erde noch Himmel könnten dich jemals fassen. Und so kann dich auch dieser Tempel, den wir für dich gebaut haben, nicht in seinen Mauern halten.

Aber um eines kann ich dich bitten, Herr, du mein Gott: Zeige mir deine Gnade, indem du mein Flehen erhörst. Höre an diesem besonderen Tag auf meine Bitte: Schaue bei Tag und bei Nacht auf diesen Tempel. Du hast gesagt, du würdest deinen Namen mit diesem Ort verbinden. Darum meine Bitte: Zeige uns, wie sehr du uns liebst und für uns sorgst, indem du die Gebete erhörst, die von hier zu dir hinaufsteigen. Höre sie im Himmel, dort, wo du lebst. Vor allem vergib uns, wenn wir dich um Vergebung bitten, Gott. Lass deine Augen auf uns ruhen, und schenke uns deine Aufmerksamkeit, wenn wir an diesem Ort zu dir beten."

Als Salomo sein Gebet beendet hatte, fiel Feuer vom Himmel, das alle Opfergaben verzehrte. Die Herrlichkeit Gottes füllte den Tempel, sodass die Priester sich nicht mehr bewegen konnten.

Das ganze Volk hatte miterlebt, wie das Feuer vom Himmel herabgekommen war. Es sah auch die Herrlichkeit Gottes über dem Tempel. Da gingen alle auf ihre Knie und beugten sich bis auf den Boden nieder. Und jeder betete Gott an und dankte ihm für alles.

„Gott ist gut! Seine Treue und Liebe besteht bis in Ewigkeit."

Salomo hat nicht nur den Tempel errichtet, er baute auch Schiffe, einen Palast, riesige Pferdeställe, ja, eigentlich machte er Jerusalem erst zu einer richtigen Stadt. Er verdiente viel Geld durch seine Handelsbeziehungen, aber auch durch seine Weisheit. Er war tatsächlich zu seiner Zeit der reichste und bekannteste König im Mittelmeerraum. Die Menschen kamen von weither, um einmal mit ihm sprechen oder ihn hören zu können.

Die Königin von Saba[*] hatte ebenfalls von dem berühmten König Salomo gehört, auch von seiner besonderen Art, Gott zu verehren. So machte sie sich auf den weiten Weg, um diesen Mann kennenzulernen. Im Gepäck hatte

---

[*] vermutlich ein Land im Osten Nordafrikas

sie nicht nur Geschenke, sondern auch wirklich schwierige Fragen.

Sie erreichte Jerusalem mit einer großen Dienerschaft und zahlreichen Kamelen, die mit Gewürzen, Gold, Silber und kostbaren Juwelen beladen waren. Als sie zu Salomo kam, fragte sie ihn alles, was sie wissen wollte.

Und Salomo konnte ihr tatsächlich alle Fragen beantworten. Es gab nichts, was zu schwierig gewesen wäre, dass er es der Königin nicht hätte erklären können.

Da machte ihm die Königin von Saba ein großes Kompliment: „In meinem Heimatland habe ich Berichte über dich gehört, wie großartig alles sei, was du geschaffen hast, vor allem aber, was für ein großes Wissen du besäßest und wie weise du seist. Aber ich habe es nicht glauben können. Darum habe ich mich auf den Weg gemacht, um mir selbst ein Bild von all dem zu machen. Doch jetzt glaube ich, was ich damals hörte, nur bist du doppelt so weise und doppelt so reich, wie es die Leute mir erzählt haben. Der Bericht, den ich erhielt, beschrieb nur einen Bruchteil von dem, was ich hier selbst erfahren habe.

Wie glücklich müssen deine Männer sein, wie glücklich dein ganzer Hofstaat, ständig in deiner Nähe sein und dir dienen zu dürfen.

Der Herr, dein Gott, sei gepriesen! Er muss sich sehr darüber freuen, dass du König bist und sein Volk regierst. Möge der Herr, euer Gott, Israel für immer lieben, weil er ihm einen solchen König geschenkt hat, der weiß, was richtig und gerecht ist."

Die Königin von Saba war von der Weisheit Salomos schwer beeindruckt und auch von seiner Beziehung zu Gott. Umso schwieriger ist es – selbst für uns heute noch – zu begreifen, dass dieser außergewöhnliche Mann mit zunehmendem Alter seinen Gott einfach vergaß und den Götzen seiner Frauen nachlief.

Gott war alles andere als glücklich über Salomo, der so viel Segen von ihm empfangen hatte und dem er sogar zweimal im Traum begegnet ist. Salomo wusste ganz genau, dass Gott keine anderen Götter neben sich duldet. So musste Gott ihn zur Rechenschaft ziehen:

„Du hast dich entschieden, mir den Bund aufzukündigen und dich nicht länger um meine Weisungen zu kümmern. Ich hatte erwartet, dass du mir treu bleibst. Aber du hast mir den Rücken gekehrt, womit du sicher sein kannst, dass ich dich vom Thron stoßen und diesen einem Mann aus deinem Hofstaat geben werde.

Aber ich werde es nicht tun, solange du noch am Leben bist. Das hast du allerdings nur deinem Vater zu verdanken. Ich werde deinem Sohn das Königtum entreißen, aber nicht das gesamte Reich. Nur wegen meines Dieners David lasse ich ihm noch einen Stamm. Und wegen Jerusalem, das ich mir als meine Stadt auserwählt habe."

Kapitel 14

Wenn Arroganz das Sagen hat

Dummheit und Stolz wachsen auf einem Holz ...

Weil Salomo Gott untreu geworden war und ihn nicht mehr von Herzen verehrte, traf dieser Bruch das gesamte große Reich. Als Salomo starb, folgte ihm sein Sohn Rehabeam auf dem Thron. Jerobeam, ein Mann aus dem Hofstaat Salomos, der sich gegen den König aufgelehnt hatte, musste zunächst nach Ägypten fliehen, machte sich aber nach seiner Rückkehr zum Sprecher der unzufriedenen Stämme des Nordens. Sie forderten, dass die jahrzehntelangen hohen Abgaben, die die Menschen unter Salomo zu leisten hatten (von irgendetwas mussten ja Tempel, Palast und Stadt schließlich gebaut werden), verringert werden sollten. Aber Rehabeam benahm sich so arrogant, als er dieses berechtigte Anliegen einfach abwimmelte, dass sich Israel unter Führung von Jerobeam von Juda abspaltete.

Leider lernten jedoch die meisten der folgenden Könige – sowohl in Israel als auch in Juda – nichts aus der Geschichte. Und mit der Trennung begann der langsame Zerfall eines ehemals stattlichen Königreichs.

Das Volk von Juda machte inzwischen da weiter, wo Salomo aufgehört hatte: Es verehrte fremde Götter, unter anderem Baal und Astarte, die ihre neuen Herren wurden und vor denen sie sich niederwarfen und die sie anbeteten. Auf diese Weise brachen sie den Bund, den sie mit Gott geschlossen hatten, was Unheil nach sich zog.

Und das kam in Form eines Überfalls auf Jerusalem durch den ägyptischen Pharao Schischak. Er plünderte Tempel und Palast und nahm alles mit, was auch nur im Entferntesten nach Gold aussah. Manches davon ließ Rehabeam daraufhin durch Bronze ersetzen.

Das Allerschlimmste war jedoch, das Rehabeam und Jerobeam begannen, sich gegenseitig zu bekämpfen. Und selbst als sie schon längst tot waren, machten ihre Söhne mit dem Wahnsinn weiter und ließen ihre Heere gegeneinander in den Krieg ziehen.

Vor allem Israel verlor über lange Zeit hinweg jeden Kontakt zu seinem Gott. Egal, wer gerade König war – die meisten von ihnen führten das Volk nur noch weiter von Gott weg.

Juda hatte da schon etwas mehr Glück. Immer wieder gab es einen König, der Gott treu ergeben war, und schon blühte das Land wieder auf. Einer soll an dieser Stelle besonders erwähnt werden: Asa.

Asa war ein König, den man mit David vergleichen konnte. Er beseitigte alle Götzenbilder, die seine Vorgänger errichtet hatten. Ja, er verwies selbst seine eigene Mutter Maacha in ihre Schranken, weil sie ein Götzenbild aufstellen ließ, und entmachtete sie. Ihr Machwerk hackte er um und verbrannte es im Kidrontal.

Es gelang ihm allerdings nicht, alle Opferstätten auf den Höhen zu beseitigen. Aber ansonsten war sein ganzes Leben Gott hingegeben. Er brachte auch alles Gold und Silber und auch sonstige wertvolle Sachen, die er und sein Vater auf die Seite gelegt hatten, in den Tempel.

Doch während seiner gesamten Regierungszeit musste er mit Königen aus Israel kämpfen, vor allem mit Bascha. Dieser plante einen folgenschweren Schachzug gegen Juda, indem er die Ortschaft Rama, die an der einzigen Zugangsstraße nach Juda lag, zu einer Festung ausbauen wollte. Da das benötigte Baumaterial schon dort war, war Asa gezwungen zu handeln, um diese Zwingburg zu verhindern.

Aber statt seine Männer wieder in einen mörderischen Kampf zu entsenden, bestach er mit allen Wertgegenständen, die er in Palast und Tempel auftreiben konnte, den syrischen König Ben-Hadad, seinerseits Israel anzugreifen. Und das tat dieser gründlich. Bascha musste Rama sofort aufgeben, um gegen die Syrer zu kämpfen, und Asa konnte das ganze Baumaterial dazu benutzen, die Ortschaften Geba und Mizpa zu befestigen.

Als Asa nach 41 Jahren Regierung starb, wurde er feierlich in der Davidstadt beigesetzt.

Asa und Joschafat, einer seiner Nachfolger, waren für Juda wirklich gute Könige. Von solchen Königen konnte das Nordreich Israel nur träumen. Einer seiner übelsten Herrscher war Ahab.

Ahab war der Sohn von Omri und er interessierte sich nicht im Geringsten für Gott. Und er trieb es auch noch schlimmer als die meisten seiner Vorgänger.

Er heiratete eine heidnische Ausländerin namens Isebel, die mit seiner Billigung den Baal-Kult in Israel einführte. Für diesen Götzen baute Ahab in Samaria sogar einen Tempel. Aber es wurden auch überall Pfähle zur Verehrung der Göttin Astarte aufgerichtet.

Gottes Zorn ließ nicht lange auf sich warten ...

Kapitel 15
Gottes Botschafter

Für die Wahrheit einzustehen ist manchmal lebensgefährlich – nicht nur damals

Elija lebte zu dieser Zeit in Israel, und in dem Maß, wie Ahab ein übler Herrscher und ein Gotteshasser war, war Elija ein guter Mensch, einer, der Gott von Herzen liebte. Und ausgerechnet diesen Mann schickte Gott als seinen Propheten zu Ahab, um mit ihm Klartext zu reden.

Elija sagte zu Ahab: „Ich bin ein Diener des Gottes Israels. Ich versichere dir, dieser Gott lebt, und du wirst es zu spüren bekommen. Von heute an wird es in deinem Land keinen Tau und keinen Regen mehr geben. Es wird erst wieder regnen, wenn ich es sage. Und wenn du dich nicht änderst, kann das ein paar Jahre dauern."

Nachdem Elija diese Botschaft überbracht hatte, musste er die Beine in die Hand nehmen und sich vom Acker machen. Gott brachte ihn zu einer kleinen, versteckten Schlucht, durch die ein Bach floss.

Dort ließ der Prophet sich nieder und Gott sorgte für den täglichen Nachschub an Nahrungsmitteln – durch Raben. Morgens und abends brachten ihm die Vögel

Fleisch und Brot und der Bach hörte in all den Jahren nicht auf zu fließen.

Nach drei Jahren sagte Gott zu Elija: „Sprich jetzt noch mal mit Ahab. Ich werde es wieder regnen lassen."

Daraufhin suchte Elija Ahab erneut auf. Mittlerweile gab es in Samaria fast nichts mehr zu essen und die Menschen hungerten.

Als Ahab Elija kommen sah, schrie er ihn an: „Du wagst es hierherzukommen?! Du bist schuld daran, dass ganz Israel bittere Not leidet!"

„Nein, Ahab, daran bin nicht ich schuld, sondern du und dein Vater. Ihr habt euch in keiner Weise mehr um das gekümmert, was Gott von euch erwartet. Schlimmer noch: Ihr habt Götzen angebetet. Das hat ganz Israel in eine große Not gestürzt.

Aber ich will dir einen Vorschlag machen: Ruf dein Volk zusammen und versammle es zusammen mit den 450 Priestern des Gottes Baal und den 400 Propheten der Astarte am Berg Karmel. Bring alle mit, die am Tisch von Isebel essen."

Ahab sandte daraufhin Botschafter durch das ganze Land. Und so trafen schon bald alle Priester des Gottes Baal am Berg Karmel ein.

Elija erwartete sie bereits dort. Er stellte sich vor das Volk und sagte: „Wie lange braucht ihr eigentlich, bis ihr begreift, wohin ihr gehört? Wenn der Herr, der Gott Israels, der einzig wahre Gott ist, dann folgt ihm. Wenn Baal der einzig wahre Gott ist, dann folgt ihm."

Keiner wagte es, auch nur ein Wort zu sagen.

„Ich bin der einzige Prophet Gottes, der noch übrig ist", fuhr Elija fort, „während euer Gott Baal mittlerweile 450 Priester hat! Holt zwei Stiere her. Die Baalspriester dürfen sich ruhig einen von beiden für ein Opferritual aussuchen. Sie sollen ihn in Stücke schneiden und auf Holzscheite legen. Nur eines dürfen sie nicht: das Holz anzünden. Ich werde dann den anderen Stier vorbereiten und auch auf Holzscheite legen. Und auch ich darf kein Feuer verwenden. Dann dürft ihr zu eurem Gott beten und ich zu meinem. Wer von beiden daraufhin Feuer schickt und den Holzstapel anzündet, der ist der wahre und einzige Gott."

Das ganze Volk war damit einverstanden: „Was du vorschlägst, ist wirklich eine gute Idee!"

Fast den ganzen Tag lang beteten und schrien die Baalspriester zu ihrem Gott. Als nichts geschah, feuerte Elija sie noch an. Sie sollten doch lauter schreien, vielleicht mache Baal ja gerade ein Nickerchen oder sei auf Geschäftsreise. Aber der Stier blieb kalt.

Dann war Elija an der Reihe. Ein kurzes Gebet, und es kam ein Feuer vom Himmel, das nicht nur den Stier und das Holz verbrannte, sondern auch noch die Steine verglühen ließ.

Als die Menschenmenge das sah, fiel sie vor Gott nieder und rief: „Der Herr, unser Gott, ist der einzig wahre Gott!"

„Schnappt euch die Baalspriester und lasst nicht einen Einzigen von ihnen entkommen!", rief Elija. Die Menge ergriff daraufhin die Männer und führte sie zum Bach Kishon hinab, wo man ihnen den Garaus machte.

Als Ahab nach Hause kam, musste er natürlich seiner Isebel alles berichten, was Elija getan hatte und dass es jetzt keine Baalspriester mehr gäbe. Da ließ die Frau Elija ausrichten: „Ich werde dich morgen genau so umbringen, wie du die Propheten umgebracht hast. Wenn ich das nicht tue, soll mich Gott strafen!"

Elija wusste, dass sie ernst machen würde, und er bekam es mit der Angst zu tun. Noch in der Nacht rannte er Richtung Süden und hielt erst inne, als er Beerscheba erreicht hatte.

Dort ließ er seinen Diener zurück und ging noch einen Tag lang nach Süden in die Steppe. Er fand einen Ginsterbusch und legte sich darunter. Er hatte echt genug! Elija sagte Gott, dass er nur noch sterben wolle. Dann legte er sich hin und schlief ein.

Irgendwann tauchte plötzlich ein Engel auf und stupste ihn an: „Steh auf und iss was!" Elija schaute sich um, konnte aber niemanden sehen. Doch neben seinem Kopf entdeckte er ein Fladenbrot und einen Krug mit Wasser. Elija aß und trank und legte sich wieder hin.

Nach einiger Zeit kam der Engel noch einmal und rüttelte ihn wieder wach: „Steh jetzt auf und iss, denn der Weg, den du vor dir hast, ist ziemlich lang und hart." Elija aß und trank und kam wieder zu Kräften. Dann machte er sich auf den Weg zum Berg Horeb, den Berg Gottes, den jeder aus der Geschichte mit Mose kennt. Dort übernachtete er in einer Höhle.

Am nächsten Morgen hörte er Gott sagen: „Sag mal, Elija, was machst du hier?"

Elija fing an, sich zu beklagen: „Ach, Herr, allmächtiger Gott, du weißt, dass ich dir von ganzem Herzen diene. Aber das Volk Israel hat deinen Bund aufgekündigt. Es hat deine Altäre niedergerissen und mit dem Schwert alle Propheten erschlagen. Ich bin der Einzige, der noch übrig ist. Und auch mich wollen sie umbringen."

Gott meinte darauf nur: „Steh auf und stell dich direkt

vor die Höhle. Ich werde an dir vorbeigehen und mich dir zeigen."

Als Gott sich Elija näherte, kam zuerst ein so heftiger Sturm, dass Felsen nachgaben und zerbröckelten. Aber Gott war nicht in dem Sturm.

Danach gab es ein Erdbeben, aber auch darin war Gott nicht.

Feuer folgte dem Erdbeben, doch Gott war auch nicht im Feuer.

Nach dem Feuer konnte man nur ein leises Säuseln vernehmen. Als Elija das hörte, verhüllte er sein Gesicht. Er kam aus der Höhle heraus und stellte sich in ihren Eingang.

Noch einmal fragte ihn die Stimme: „Elija, was machst du hier?"

Und noch einmal klagte Elija Gott sein Leid, doch Gott gab ihm als Antwort nur einen neuen Auftrag: „Geh den gleichen Weg zurück, den du gekommen bist. Reise nach Damaskus und salbe dort Hasaël zum König der Syrer. Dann wirst du Jehu zum König von Israel salben und anschließend Elischa zu deinem Nachfolger.

Ich werde dafür sorgen, dass in Israel noch siebentausend Männer übrig sind, die sich nicht vor Baal niedergeworfen und seine Standbilder nicht angebetet haben."

Elija führte die Aufträge Gottes (na ja, zumindest die meisten ...) aus und traf dabei auch auf seinen Nachfolger Elischa. Dieser war Bauer, ließ aber seinen Bauernhof zurück und folgte Elija.

Inzwischen war Ahab gestorben. Leider war sein Sohn Ahasja aber kein bisschen besser als sein Vater.

Doch auch Elija war alt geworden, und es wurde Zeit, dass sein Schüler auch sein Nachfolger wurde.

Gott plante, Elija in einem Wirbelsturm zu sich in den Himmel zu holen. Eigentlich wollte dieser nicht, dass jemand mitbekam, wie Gott ihn von dieser Erde nahm, aber Elischa ließ sich einfach nicht abwimmeln, und die beiden machten sich gemeinsam auf den Weg. So kamen sie schließlich an den Jordan, wurden aber in einigem Abstand von fünfzig Prophetenschülern aus Jericho verfolgt.

Elija rollte seinen Mantel zusammen und schlug damit einmal auf das Wasser. Der Fluss staute sich auf und beide konnten trockenen Fußes hindurchmarschieren.

Als sie weitergingen, fragte Elija seinen jungen Begleiter: „Sag einmal, was kann ich noch für dich tun, bevor ich von dir getrennt werde?"

Elischa antwortete wie aus der Pistole geschossen: „Bitte gib mir eine doppelte Portion von deinem Geist."

Da musste ihm Elija sagen: „Du bittest mich um etwas, das ich dir nicht geben kann. Nur Gott selbst kann dir diese Bitte erfüllen. Aber wenn du siehst, wie ich von dieser Erde genommen werde, dann ist das ein Zeichen dafür, dass deine Bitte erfüllt wird. Wenn du es allerdings nicht siehst, dann war's das."

Während sie weitergingen und sich unterhielten, kam plötzlich ein Wagen mit Pferden, der ringsum mit Feuer umgeben war. Dieser Wagen fuhr zwischen die beiden und Elija rauschte mit ihm wie im Sturmwind in den Himmel.

Elischa hatte das alles beobachtet und schrie jetzt Elija hinterher: „Mein Vater, du bist wie ein Vater zu mir! Du bist der wahre Wagenlenker Israels!" Aber schon bald konnte Elischa ihn nicht mehr sehen. Vor lauter Trauer zerriss er sein Gewand. Dann nahm er den Mantel, den Elija fallen gelassen hatte, und durchquerte den Jordan genau so, wie er es vorher bei seinem großen Meister gesehen hatte. Als die Gruppe der Prophetenschüler das sah, riefen die Männer: „Der Geist von Elija ist Elischa verliehen worden!" Und sie verbeugten sich bis auf den Boden hinab vor ihm.

Elischa arbeitete mit Gott zusammen und so konnte er viele große Zeichen und Wunder vollbringen. Er erweckte einen toten Jungen wieder zum Leben und heilte einen Mann, ohne ihn zu berühren. Selbst als er schon gestorben war, holten seine Gebeine noch einen toten Mann zurück ins Leben.

In der Zeit, als Elija und Elischa Propheten waren, war Israel eine wohlhabende Nation. Aber die Menschen hatten längst vergessen, wem sie ihr gutes Leben verdankten.

Sie hatten ihre Götzen und kümmerten sich nicht mehr um den Gott ihrer Vorfahren.

Da ließ Gott zu, dass andere Völker in Israel einfielen und alles raubten, was das Volk besaß. Immer wieder warnte Gott die Israeliten vor dem, was passieren würde, wenn sie weiterhin den Götzen nachliefen. Vor allem ein Prophet, Amos, sagte es ihnen mehr als deutlich.

„Volk Israel, höre, was Gott dir zu sagen hat: Er wendet sich gegen dich, die ganze Gemeinschaft, die er einst aus Ägypten herausgeführt hat. Hier sind seine Worte:

Von allen Familien auf dieser Erde habe ich nur euch auserwählt. Ich werde euch nun wegen eures Verhaltens zur Rechenschaft ziehen.

Ihr wisst nicht mehr, was richtig und was falsch ist. Ihr hortet gestohlenes Gut in euren Häusern. Darum lässt euch der Herr und König ausrichten:

Feinde werden euer Land einnehmen und die Häuser niederreißen, von denen ihr glaubtet, sie seien sicher. Selbst eure Festungen werden sie plündern.

Der Herr und König hat bei seinem eigenen heiligen Namen geschworen: Ich werde dafür sorgen, dass in allen euren Städten niemand mehr was zu essen hat. Nirgends wird es mehr Brot geben, weil ihr euch mir nicht zuwenden wollt.

Ich werde Plagen über euch schicken, wie ich es in Ägypten getan habe. Ich lasse eure jungen Männer durch das Schwert sterben, und auch die Pferde, die ihr erbeutet habt, werden umkommen. In euren Nasen wird der Gestank von Heereslagern sein, und das alles nur, weil ihr nicht bereit seid, zu mir zurückzukehren.

Volk Israel, ich werde dich jetzt zur Rechenschaft ziehen! Weil ich mich dafür entschieden habe, bereite dich darauf vor, deinem Gott zu begegnen!

Israel, schau doch auf deinen Gott und du wirst leben!", fuhr Amos fort. „Schau doch auf das Gute, nicht das Böse, dann wirst du leben.

Und der Herr, unser Gott, der über alle König ist, wird auf deiner Seite sein, so wie du es früher immer erfahren hast. Hasst doch das Böse, liebt das Gute. Fällt bei euren Gerichtsverhandlungen gerechte Urteile.

Vielleicht ist euch Gott, der Allmächtige, noch einmal gnädig. Ihr seid doch die Einzigen, die aus der Familie von Josef noch übrig sind.

Wenn ihr nicht einseht, dass ihr auf dem falschen Weg seid, und Gott um Vergebung bittet, dann erwartet euch Folgendes, sagt der Herr:

Ich bin euer Herr und König. Ich habe lange genug zugesehen, wie das Königreich Israel mir untreu wurde. Ich werde es von der Erdoberfläche wegfegen. Aber ich werde dafür sorgen, dass noch ein letzter Rest aus dem Hause Jakob übrig bleibt."

Obwohl Gott sein Volk immer wieder durch Propheten wie Amos und Hosea warnen ließ, machten die Israeliten keine Anstalten, ihr Leben zu ändern. Die Menschen hatten weder Lust, sich um seine Weisungen zu kümmern, noch von ihrem Götzenkult abzulassen. So kam, was kommen musste: Könige nahmen das Land ein, zerstörten die Städte und verschleppten das Volk in ferne Länder. Die große Nation Israel war restlos zerstört.

Das Königreich Juda bestand etwas länger, aber auch nur, weil es einige wirklich gute Könige hatte. Diese erinnerten das Volk immer wieder daran, was Gott in ihrer Geschichte für sie getan hatte. Aber es gab auch andere Herrscher, die das pure Gegenteil waren. Sie verführten das Volk dazu, die fremden Götter anzubeten, obwohl Gott ihnen immer wieder Propheten schickte, die sie davor warnten.

Einer dieser Männer war Jesaja, der dem Volk und seinem König ganz klar sagte: „Wenn ihr euer Verhalten nicht ändert, werden die Truppen eines mächtigen Königs in das Land einmarschieren und die meisten Einwohner verschleppen." Und genau das geschah. Mit einem Unterschied zu Israel: Juda wurde nicht völlig ausgelöscht, sondern es blieb ein Rest, der die Verheißungen Gottes weitertragen konnte.

Kapitel 16

Ein Volk manövriert sich ins Aus

Ohren zu und ab durch die Mitte – ins Exil

Jesaja gab das, was er von Gott hörte, an das Volk weiter: Wenn Juda sich ändert und anfängt, Gott wieder zu gehorchen, wird Gott selbst das Volk vor den feindlichen Königen beschützen. Aber den Menschen passte seine Botschaft nicht, sie war ihnen zu ernst, zu bedrohlich. Würden sie wirklich ihr Verhalten ändern und um Vergebung bitten? Jesaja sagt:

„Gott, der über alle regiert, wird es tun: Er wird Jerusalem und Juda alles wegnehmen, auf das sie sich verlassen. Brot und Wasser, großartige Krieger und einfache Soldaten, Richter, Propheten, Wahrsager, alle ihre Stammes- und Heerführer, den gesamten Hofstaat und alle weisen Berater, fähigen Handwerker und erst recht alle Zauberer, die Magie betreiben.

Zusätzlich werden dann noch unreife Jünglinge über sie herrschen. Es wird Chaos ausbrechen, jeder über jeden herfallen, jeder seinen Nachbarn bekämpfen. Alle werden nur ein Ziel verfolgen: für sich selbst das Meiste herauszuholen. So werden sich Junge gegen Ältere auflehnen und Tagediebe gegen rechtschaffene Menschen.

Ja, Jerusalem wird ins Chaos stürzen und mit ihm ganz Juda. Seine Bewohner reden und handeln gegen den ausdrücklichen Willen Gottes, und das in aller Öffentlichkeit. Selbst den Richtern geht es in ihrem Amt nur noch um den eigenen Vorteil. Sie sind wie die Leute damals in Sodom und geben auch noch mit ihren Verbrechen an. Für diese Menschen wird es schlimm werden. Doch sie haben sich das kommende Leid selbst zuzuschreiben.

Mein Volk, eure Anführer haben euch verführt, sie haben euch vom richtigen Weg abgebracht. Darum nimmt Gott jetzt seinen Richterstuhl ein und wird Gericht halten über Juda."

Jesajas Botschaft ist außergewöhnlich und einzigartig – auch in der Bibel. Er beschreibt ganz genau den Zerfall des Reiches und die Verschleppung des Volkes nach Babel.

Im babylonischen Exil ändern sich dann seine Prophetien – seine Botschaften – so vollständig, dass man heute allgemein von einem „Zweiten Jesaja" (Deuterojesaja) spricht. Seine Botschaft ist tröstlich und auf die Zukunft nach all der Zerstörung und Trostlosigkeit ausgerichtet. Das klingt dann in etwa so:

„Der Herr wird Jakob und seinen Nachkommen gnädig sein. Noch einmal wird er Israel annehmen und es in seinem eigenen Land ansiedeln. Viele werden sich seinem Volk anschließen. Sie werden den Israeliten gerne als Knechte und Mägde dienen. Ja, es werden fremde Völker sein, die Israel bei der Rückkehr helfen werden. Gott selbst wird das Leiden Israels beenden. Die Menschen werden nicht länger die Sklaven irgendeines Volkes sein, sondern endlich aufatmen dürfen.

Wenn die Zeit kommt, werde ich euch meine Liebe zeigen, ich werde auf eure Gebete antworten. Wenn die Zeit gekommen ist, euch zu retten, werde ich euch helfen. Ich werde dafür sorgen, dass ihr in Sicherheit seid, denn durch euch möchte ich mit allen Völkern einen Bund schließen. Dann wird euer Land euch wieder ganz gehören. Jeder Stamm wird in das Gebiet zurückkehren, das öde ist, seit es verlassen wurde. Zu den Gefangenen werde ich sagen: Ihr seid frei, und zu denen in den finsteren Höhlen: Kommt heraus ans Licht!"

Weil Jesaja Gott vertraute, konnte Gott ihm viele Dinge zeigen, die sich erst in ferner Zukunft ereignen würden. Jesaja war es auch, der von einem Messias sprach, der einmal das Volk Gottes von allem Elend befreien würde. Allerdings passte das, was Gott ihm über diesen Mann anvertraute, so gar nicht in das Bild, das sich normalerweise Menschen von einem gottgesandten Helden machen.

„Wer wird das, was ich euch jetzt sage, wohl glauben? Wer wird für möglich halten, dass sich Gottes rettende Macht auf diese Weise zeigen wird?

Sein Knecht wuchs auf wie eine kümmerliche Pflanze, wie ein Gewächs aus dürrem Boden.

Er sah nicht besonders gut aus und hatte überhaupt nichts Königliches an sich. Es war nichts an ihm, das uns auf ihn aufmerksam gemacht hätte. Die meisten schauten auf ihn herab und konnten mit ihm nichts anfangen.

Dabei hat er alles durchgemacht, was man an Sorgen und Leiden nur durchmachen kann.

Er wurde zu jemandem, bei dem man lieber wegschaut.

Wir schauten auf ihn herab und hatten keinen Respekt vor ihm.

Was er erlitt, hätten eigentlich wir erleiden müssen. Er nahm unsere Schmerzen auf sich.

Und wir dachten, Gott würde ihn bestrafen. Wir glaubten wirklich, dass es Gott wäre, der ihn so leiden ließ.

Doch er wurde wegen unserer Sünden durchbohrt, er wurde vernichtet, weil wir schwere Schuld auf uns geladen haben. Er nahm die Strafe auf sich, die eigentlich wir verdient hätten.

Durch ihn wurden wir heil, seine Wunden machten uns gesund.

Wir alle haben uns wie Schafe benommen, die von ihrem Hirten wegrennen. Jedes ging seine eigenen Wege. Aber Gott hat auf ihn alle unsere Verkehrtheit gelegt.

Er wurde geschlagen und musste Schlimmes erleiden, hat aber seinen Mund nicht aufgemacht und hat sich nicht beschwert. Er wurde wie ein Schaf zum Schlachter geführt. Wie ein Lamm, das beim Scheren keinen Ton mehr von sich gibt, so schwieg auch er zu allem.

Er wurde eingekerkert und zum Tode verurteilt. Er wurde weggeschafft und verlor sein Leben. Damit nahm er einzig die Schuld von uns allen auf sich.

Wer von allen, die das miterlebten, konnte das begreifen?

Eigentlich wollte man ihn bei den Verbrechern verscharren, aber man gab ihm dann doch das Grab eines reichen Mannes. Obwohl er niemals jemandem auch nur das Geringste angetan hat und nie eine Lüge über seine Lippen kam, brachte man ihn um.

Doch er wird die große Zahl seiner Nachkommen sehen, denn er wird nicht tot bleiben.

Gott sagt: ‚Ich möchte, dass alle Menschen heil werden, und genau das wird durch ihn Wirklichkeit.'

Nach seinem Leiden wird er das Licht sehen, das zum Leben führt, und er wird überreich belohnt. Mein Knecht weiß, warum das alles geschehen musste. Er, der selbst völlig schuldlos war, hat durch seinen Tod unzähligen Menschen die Möglichkeit eröffnet, von ihrer Schuld befreit zu werden.

Ihm wird man höchste Verehrung entgegenbringen, mehr noch, als wenn er eine Schlacht gewonnen hätte. Denn er war bereit, sein Leben für andere zu opfern."

Kapitel 17
Ein Königreich zerbricht

*Warum wählt der Mensch nur zu gerne das,
was ihn ruiniert?*

Leider hörte das Volk von Juda nicht auf Jesaja. Also berief Gott noch einmal einen Propheten. Jeremia warnte vor dem König von Babel und davor, dass dieser mit seinen Truppen aufmarschieren und Jerusalem, ja, das ganze Land zerstören würde. Auf die Bevölkerung warte die Verschleppung in die Sklaverei. Bevor Jeremia den Mut aufbrachte, mit einer solchen Botschaft vor die Verantwortlichen zu treten, musste Gott erst noch eine massive Hürde überwinden. Aber hören wir selbst:

Gott sprach zu Jeremia: „Bevor ich dich im Leib deiner Mutter formte, hatte ich dich bereits erwählt. Bevor du geboren wurdest, hatte ich schon entschieden, dass du mir in besonderer Weise dienen würdest. Ich möchte dich zum Propheten für die Völker machen!"

„Du bist der Herr und mein Gott", antwortete Jeremia, „aber ich muss dir sagen, dass ich eigentlich gar nicht richtig reden kann. Ich bin doch noch viel zu jung!"

„Sag nicht, dass du zu jung wärst. Geh einfach zu den

Leuten, zu denen ich dich schicken werde. Du musst nur das sagen, was ich dir direkt mitteilen werde. Du brauchst keine Angst vor den Menschen zu haben, zu denen ich dich senden werde. Ich werde immer an deiner Seite sein. Ich selbst werde dich schützen."

Nach diesen Worten berührte Gott Jeremia am Mund und sagte: „Ich lege meine Worte in deinen Mund. Heute gebe ich dir die Vollmacht, zu Völkern und Nationen zu sprechen. Ich möchte, dass du das Unkraut ausreißt und vernichtest, aber auch Neues pflanzt."

Trotz des gewaltigen Zuspruchs durch Gott hatte Jeremia schlichtweg Angst, Gott als Prophet zu dienen. Er wusste, wie dickköpfig die führenden Männer Jerusalems waren und wie wenig ihnen das schmeckte, was er ihnen zu sagen hatte. So konnte Jeremia seine Botschaft immer nur mit einem Hinweis beginnen: „Das ist es, was der Herr euch zu sagen hat."

„Juda, du warst wie eine kostbare Weinranke, die ich gepflanzt habe, stark und gesund.

Wieso konntest du dich nur gegen mich wenden? Warum bist du auf einmal zu einer wilden, nutzlosen Weinranke geworden? Du kannst machen, was du willst, dich mit Soda oder Seife schrubben, die Flecken deiner Schuld kommen immer wieder durch.

Wie ein Dieb sich schämen muss, wenn man ihn beim Stehlen erwischt, so solltest du dich schämen, Volk Israel. Deine Könige und Anführer verdienen nur Verachtung, und das gilt auch für die Priester und deine sogenannten Propheten.

Sagt ihr nicht zu einem Stück Holz: ‚Du bist mein Vater!', und zu einem Stein: ‚Du bist meine Mutter'? Ihr habt mir den Rücken zugewandt und weicht meinem Blick aus.

Doch kaum geratet ihr in irgendwelche Schwierigkeiten, schreit ihr laut: ‚Komm und rette uns!' Wo sind denn die Götter, die ihr euch gemacht habt? Sollen sie euch doch zu Hilfe eilen, wenn euch das Wasser bis zum Halse steht. Sagt nur, sie können euch nicht helfen?! Juda, du hast doch so viele Götter, wie du Ortschaften hast!"

Ein anderes Mal gab er Jeremia den Auftrag: „Geh die Straßen in Jerusalem auf und ab und schau dich um. Durchsuche den ganzen Marktplatz. Schau, ob du einen Menschen findest, der sich ernsthaft darum bemüht, mir zu gefallen. Wenn du auch nur *einen* finden kannst, werde ich der ganzen Stadt vergeben."

Der Prophet selbst klagte: „Stadt, weil du nicht hören willst, muss ich im Verborgenen weinen. Weil du so eingebildet bist, weine ich umso mehr. Tränen strömen nur so aus meinen Augen. Denn die Herde unseres Herrn wird als Beute weggeführt."

Gott ließ dem König und seiner Mutter ausrichten: „Steigt herunter von euren Thronen. Eure großartigen Kronen fallen euch gleich von euren Häuptern! Ihr werdet als Gefangene weggeführt werden, keiner wird zurückgelassen."

Jeremia wurde nicht müde, das Volk immer und immer wieder zu warnen, dass schreckliche Dinge passieren würden, wenn es sich Gott nicht zuwandte, doch die Menschen hielten sich die Ohren zu. Ein König verbrannte sogar seine Prophetien Stück für Stück, weil ihm nicht passte, was er durch sie gesagt bekam. Die Könige von Juda waren regelrecht verblendet und so nicht in der Lage, das kommende

Unheil zu erkennen. Im Gegenteil, sie machten die Herrscher von Babel noch wütend.

Nebukadnezzar, der König von Babel, griff schließlich Juda an und verschleppte alle fähigen Leute, Handwerker, Soldaten und den Hofstaat ins Exil. Aber selbst dieser große Verlust brachte das Volk nicht zum Umdenken.

Zidkija war einundzwanzig Jahre alt, als er König von Juda wurde, und er regierte elf Jahre in Jerusalem. Von Anfang an war Jeremia ihm ein Dorn im Auge, obwohl er sich, wenn es ihm an den Kragen ging, sogar heimlich mit ihm traf, um zu erfahren, was er nun machen solle. Als erste große Fehlentscheidung entpuppte sich sehr schnell, dass er sich weigerte, an Nebukadnezzar, den König von Babel, weiter Tribut zu zahlen. Dieser hatte ihn bei seinem Gott einen Eid schwören lassen. Aber schon bald interessierten Zidkija weder Gott noch Eid. Unter seiner Regierung verkamen das Volk und die Tempelpriester regelrecht. Die meisten verehrten bereits die Götter der umliegenden Volksstämme. Keiner dachte auch nur im Traum daran, zum Gott seiner Vorfahren zurückzukehren. So wurde auch der Tempel durch das Aufstellen von Götzenbildern entweiht.

Als Zidkija seit neun Jahren an der Macht war, rückte Nebukadnezzar mit einem gewaltigen Heer an. Er schlug außerhalb der Stadt Lager auf und brachte rings um die Stadt seine Belagerungsmaschinerie in Stellung. Diese Belagerung dauerte zwei Jahre und irgendwann hatten die Stadtbewohner nichts mehr zu essen. Da durchbrachen die Babylonier an einer Stelle die Mauer. Aber noch in der Nacht flüchtete Zidkija mit seiner Familie und dem Rest seiner Soldaten aus der Stadt und kam tatsächlich ungesehen durch den Belagerungsring. Aber die Flucht wurde schließlich doch bemerkt und in der Nähe von Jericho wurde der König eingeholt. Seine Soldaten hatten sich längst abgesetzt. Zidkija wurde dem babylonischen König vorgeführt. Er musste mitansehen, wie seine Söhne umgebracht wurden, dann stach man ihm die Augen aus und brachte ihn in Ketten nach Babel, wo er nach wenigen Jahren in seinem Kerker starb.

Dieses Mal wurde fast der gesamte Rest der Bevölkerung aus Juda weggeführt, nur ein paar ganz arme Leute wurden in dem Land gelassen, damit wenigstens die Felder und Weingärten nicht verkamen.

Jeremia hatte über viele Jahre hinweg getan, was Gott ihm aufgetragen hatte, und er musste dafür eine Menge übler Dinge einstecken. Obwohl er durch seine eigenen Landsleute immer wieder in Todesgefahr geriet, hielt Gott sein Versprechen und beschützte ihn. Ja, es kam sogar so weit, dass sich ein führender babylonischer Offizier für ihn einsetzte und ihn unter seinen Schutz nahm. Da Jeremias Lebensgeschichte eher tragisch war, weil kaum jemand auf seine Warnungen hörte, werden ihm gerne die „Klagelieder" zugeschrieben, die in Gedichtform die Stimmung wiedergaben, wie sie über dem völlig zerstörten Jerusalem geherrscht haben mag. Hier ein paar kurze Auszüge:

„Die große Stadt Jerusalem, verwaist.
Die Stadt einst so voller Menschen, voller Leben.
Doch jetzt gleicht sie einer Frau, deren Mann verstarb.
Einmal gehörte sie zu den großen Städten der Welt,
sie war die Königin unter den Königreichen,
was ist sie jetzt? Eine Sklavin.

Der Herr selbst griff nicht ein,
was er aber angekündigt hatte.
Es ist das passiert, was er voraussagte.
Lange vorher wusste er, wie die Stadt enden würde.
Er hat zugesehen, wie sie zerstört wurde,
ohne einzugreifen.
Ihn störte es nicht, dass ihre Feinde laut über sie lachten.
Ja, er hat ihnen die Macht über sie gegeben.

Doch hier ist etwas, an das ich mich erinnere,
und das gibt mir neue Hoffnung:
Der Herr liebt uns immer noch.
Wir sind nicht vollständig vernichtet worden.
Seine liebevolle Sorge wird niemals enden,
denn seine große Liebe ist jeden Morgen neu.
Oh Gott, wie treu und zuverlässig bist du doch.
Ich sage zu mir selbst: Gott ist alles, was ich brauche,
darum werde ich meine ganze Hoffnung auf ihn setzen.

Gott ist gütig zu denen, die auf ihn hoffen.
Er ist voller Erbarmen für die, die zu ihm aufschauen.
Es ist gut, wenn wir ruhig sind und auf ihn warten,
denn der Herr wird uns ganz gewiss retten.

Herr, sieh nur, wie es uns heute geht.
Schau nur, welches Elend die Feinde über uns gebracht
haben.
Die Freude ist aus unseren Herzen gewichen
und unser Tanzen hat sich in Weinen verwandelt.
Wir haben nicht einen Funken Ansehen mehr.
Kannst du verstehen, wie schlimm das für uns ist?!
Aber wir müssen zugeben: Es ist unsere eigene Schuld.

Herr, du regierst für immer und dein Thron bleibt ewig bestehen.
Bitte vergiss uns nicht und lass uns nicht länger allein.
Herr, bringe uns zu dir zurück, dann können wir auch in unser Land zurückkehren.
Mach du unser Leben wieder wie neu."

Während Jeremia seinen prophetischen Dienst in Juda tat, arbeitete Gott in Babel mit einem Mann zusammen, der Ezechiel hieß. Er sprach den Judäern, die in der Verbannung lebten, Mut zu, indem er sie immer wieder daran erinnerte, dass Gott immer noch ihr Gott war und nicht aufgehört hatte, sich um sein Volk zu kümmern.

Ezechiel gelang es, die Aufmerksamkeit der Judäer zu erlangen, wenn er anfing, von dem Unvorstellbaren zu reden, dass sie eines Tages wieder nach Juda zurückkönnten. Gott war bereit, mit seinem Volk einen Neuanfang zu machen und ihm nach Jahrzehnten im babylonischen Exil zu vergeben. Hier ist ein Auszug von dem, was Gott seinem Volk durch Ezechiel ausrichten ließ:

„So spricht der Herr, euer Gott: Volk von Juda, ich werde alles tun, damit du wieder in dein Land zurückkehren kannst, aber eines sollst du wissen: Ich mache das nicht, um dir einen Gefallen zu tun, sondern um die Ehre meines Namens wiederherzustellen. Du hast sie durch dein Verhalten in den Schmutz gezogen und mich vor allen Völkern lächerlich gemacht. Doch jetzt werde ich jedem zeigen, dass mein Name groß und heilig ist. Durch dich werden die Völker erkennen, dass ich heilig bin, der eine wahre Herr und Gott.

Ich werde euch aus den Völkern zusammenbringen

und wieder in euer eigenes Land bringen. Ich werde klares Wasser über euch gießen, damit ihr vollkommen rein seid. Die Standbilder eurer Götzen werde ich beseitigen und ich werde euch ein neues Herz geben. Ja, ich lege einen neuen Geist in euch hinein, damit ihr mir treu sein könnt. Das Herz aus Stein werde ich aus euch herausnehmen und durch ein Herz ersetzen, das meinen Anweisungen folgen kann.

Verlasst euch darauf: Ich werde meinen Geist in euer Inneres legen, damit ihr sorgfältig auf meine Gebote achten werdet. Dann werdet ihr wieder in dem Land wohnen, das ich eurem Volk schon vor langer Zeit gegeben habe. Ihr werdet wieder mein Volk sein und ich werde euer Gott sein.

Wenn ihr dann wieder in eurem Land wohnt, das jetzt noch öde ist und brachliegt, werdet ihr es neu bebauen, und schon bald wird jemand, der es durchwandert, sehen, dass es nicht länger verlassen ist. Er wird sagen: ‚Dieses Land war ja vollkommen zerstört und jetzt sieht es aus wie der Garten Eden. Auch die Städte waren dem Erdboden gleichgemacht. Jetzt haben sie alle wieder hohe Mauern um sich herum und sind voller Menschen.'

Dann werden alle Völker in eurer Nachbarschaft erkennen, wer es möglich gemacht hat, dass alles, was zerstört worden war, wieder in voller Blüte dasteht. Das ist mein Wort an euch und ich werde es ganz bestimmt Wirklichkeit werden lassen. Ich bin der Herr, euer Gott."

Kapitel 18
Daniel im Exil

Neid und Eifersucht können tödlich sein

Die meiste Zeit lebten die Juden (so nannte man sie im Persischen Reich) im Exil unter der Herrschaft der babylonischen Könige. Doch ein neues Reich, das der Perser und Meder, verdrängte die Herrscher von Babel, und so kam auch ein neuer König nach Babel: Darius.

Darius musste ein riesiges Reich regieren, das fast bis nach Indien reichte. Um es gut zu verwalten, setzte er einhundertzwanzig Statthalter, sogenannte Satrapen, über ebenso viele Provinzen ein. Und für diese waren wiederum drei Männern verantwortlich, die ihre Amtsführung überwachten. Einer von ihnen war Daniel, ein Mann aus Juda, der mit den Verschleppten nach Babel gekommen war. Er war außerordentlich begabt und machte seine Sache hervorragend, worüber sich seine beiden Kollegen allerdings weniger freuten. Vor allem, als sie mitbekamen, dass der König vorhatte, ihn zum höchsten Beamten im gesamten Reich zu machen.

Es musste doch etwas geben, das man ihm zur Last legen konnte! Also versuchten die beiden Männer lange, irgendetwas zu finden, das sie gegen Daniel vorbringen konnten. Aber sie fanden nichts. Daniel war loyal, gerecht und unbestechlich. Der König konnte sich in allen Belangen auf ihn verlassen.

Endlich kamen die beiden auf die Idee, dem König ein Gesetz vorzuschlagen, das Daniel aufgrund seines Glaubens nicht einhalten konnte. So gingen sie zu Darius und sagten:

„König Darius, möget Ihr ewig leben. Alle königlichen Statthalter, die Berater des Königs und alle Gouverneure möchten Euch einen Vorschlag unterbreiten. Wir bitten Ihre Majestät übereinstimmend darum, folgendes Gesetz zu erlassen: Dreißig Tage lang soll niemand zu einer Person oder vor einen Gott seine Bitten vorbringen, außer vor Ihrer Majestät. Wer es trotzdem wagt, soll sofort in die Löwengrube geworfen werden. Ihr braucht nur ein Wort zu sagen, und dieses Gesetz wird in das Gesetzbuch der Perser und Meder eingetragen und ist damit unwiderruflich."

Darius fühlte sich vermutlich geehrt, jedenfalls unterschrieb er ohne nachzudenken diese Gesetzesvorlage.

Natürlich erfuhr Daniel schon kurz darauf von diesem Gesetz. Aber das hinderte ihn nicht im Geringsten daran, das zu tun, was er immer tat: Er ging in das Obergeschoss seines Hauses, trat an sein Fenster, das in Richtung Jerusalem zeigte, und betete wie immer mit lauter Stimme. Und das dreimal am Tag. Er pries Gott und bat ihn selbstverständlich auch um Hilfe.

Und genau darauf hatten die Beamten gewartet. Sie liefen sofort zu Darius und erinnerten ihn an das Gesetz, das er erst kurz zuvor unterzeichnet hatte. Der König bestätigte es und bekräftigte, dass diese Anordnung einzuhalten sei. Nach dieser Versicherung brachten sie ihre

Vorwürfe vor den König: „Daniel ist doch einer der Verschleppten aus Juda. Er kümmert sich überhaupt nicht um Euer Gesetz. Er betet dreimal am Tag zu seinem Gott, als gäbe es Eure Vorschrift nicht, Majestät. Somit muss er jetzt die Konsequenzen tragen!"

Schweren Herzens musste der König zustimmen, dass man seinen besten Mann herbeiholte, um ihn in die Grube mit hungrigen Löwen zu werfen. Darius konnte ihm nur noch sagen: „Der Gott, dem du treu gedient hast, möge dich auch jetzt bewahren."

Dann wurde David in die Grube geworfen und man legte eine Steinplatte über die Öffnung. Der König selbst versiegelte mit seinem Ring die Platte. Das Schicksal Daniels schien im wahrsten Sinne des Wortes besiegelt.

König Darius konnte in dieser Nacht nicht schlafen, er konnte nicht essen und hatte auch keine Freude an irgendwelcher Unterhaltung.

Kaum war die Sonne aufgegangen, stand er auf und eilte zu der Löwengrube. Schon als er näher kam, rief er mit sorgenerfüllter Stimme den Namen Daniels.

Da hörte er aus der Grube die erlösende Antwort: „Mein König, möget Ihr für immer leben! Mein Gott sandte mir einen Engel, der hat den Löwen einfach das Maul zugehalten. Sie haben mir nicht einen Kratzer verpasst. Gott hat gesehen, dass ich Euch gegenüber, o König, nichts Falsches getan habe."

Die Freude des Königs war echt und groß. Sofort rief er Diener herbei, die Daniel aus der Grube herauszogen. Und tatsächlich: Der König konnte nicht einen Kratzer an ihm finden. Doch die Löwen sollten nicht leer ausgehen. Sie bekamen noch am selben Morgen zwei fette, böse Beamte zum Frühstück.

Daniel gehörte ja zu denen, die damals aus Juda verschleppt wurden. Auch er erinnerte sich an das, was Jeremia damals schon gesagt hatte: Gott würde eines Tages sein Volk wieder nach Juda zurückbringen. Während des Exils waren die Worte Jeremias sicher immer wieder Gesprächsstoff und hielten die Hoffnung wach, dass Gott bald einmal sein Versprechen einlösen würde. Man kann sich gut vorstellen, welche Erwartungen ein Text wie der folgende bei den Menschen weckte, die in der Verbannung lebten.

„Ich bin der Herr, der Gott Israels. Schreibe genau auf, was ich dir zu sagen habe. Es wird ein neuer Tag kommen, an dem ich mein Volk Israel wegführen werde, wo immer es in Gefangenschaft leben muss. Ich werde es in das Land zurückbringen, das ich ihm vor langer Zeit geschenkt habe.

Ich werde das Joch auf eurem Genick zerbrechen, das verspreche ich, euer Herr, der über alle regiert. Ich werde die Stricke zerreißen, die euch fesseln. Fremde Völker sollen euch nicht länger als Sklaven halten.

Volk Jakobs, habe keine Angst, ich kümmere mich um meinen Knecht.

Volk Israel, höre auf, dich zu fürchten.

Verlass dich darauf, dass ich dich beschützen werde.

Ich bringe dich auch aus den entferntesten Orten, in die du verschleppt wurdest, nach Hause.

Du wirst endlich wieder Frieden und Sicherheit haben.

Und niemand mehr wird dich einschüchtern können.

Ich werde mit dir sein und dich beschützen.

Ihr habt mein Wort."

An anderer Stelle heißt es:

„Mein Volk wird wieder in Juda und in allen seinen Städten leben,

Bauern und Hirten werden wieder das Land bevölkern.

Ich werde denen Ruhe geben, die müde geworden sind, und jenen wieder Kraft, die sich schwach fühlen.

Ich kenne die Pläne, die ich für euch habe", sagt der Herr weiter, „ich möchte, dass ihr ein gutes Leben habt, nicht ein elendes. Ich will euch Hoffnung für die Jahre geben, die kommen werden. Dann werdet ihr wieder nach mir rufen und zu mir beten. Und ich werde eure Gebete erhören. Wenn ihr mich von ganzem Herzen sucht, werde ich mich von euch finden lassen."

Während das Volk auf den Tag wartete, den sich keiner vorstellen konnte, der ihnen aber die Freiheit bringen würde, bereitete Gott das Wunder der Rückkehr vor. Kyrus, der König von Persien, muss ganz offensichtlich von Gott selbst beauftragt worden sein, sich um das verstreute und verschleppte Volk Juda zu kümmern. Anders lässt sich nicht erklären, warum ein „heidnischer" König nicht nur seine besten und billigsten Arbeitskräfte ziehen ließ, sondern sie auch noch mit unglaublichem „Anfangskapital" und Privilegien ausstattete.

Kapitel 19
Das Wunder der Rückkehr

Ein heidnischer Herrscher erhält von Gott Anweisungen

Im ersten Regierungsjahr von König Kyrus von Persien bewegte Gott diesen dazu, eine Botschaft durch sein riesiges Reich zu schicken, die folgendermaßen lautet:

„Ich, Kyrus, König von Persien, ordne Folgendes an: Der Herr ist der Gott des Himmels. Er hat mir alle Reiche auf dieser Erde anvertraut. Er erwartet von mir, dass ich für ihn den Tempel in Jerusalem in Juda wiederaufbauen lasse.

Jeder, der zu seinem Volk gehört, kann nach Jerusalem zurückkehren. Möge Gott mit euch sein. Ihr könnt den Tempel des Herrn wiederaufbauen, er ist der Gott Israels und seine Stadt ist Jerusalem. Diejenigen, die nach Juda zurückkehren, sollen von den Bewohnern der Orte, in denen sie leben, mit Gold und Silber für den Tempel, aber auch mit anderen Gütern und Vieh versorgt werden. Und sie sollen ihnen auch eine großzügige Spende für den Wiederaufbau des Tempels mitgeben."

Daraufhin machten sich die Familienoberhäupter aus den Stämmen Benjamin und Juda zusammen mit den Priestern und Leviten auf den Weg; jeder, dem Gott es aufs Herz gelegt hat, nach Jerusalem zurückzukehren, um beim Aufbau des Tempels zu helfen. Und alle ihre Nachbarn unterstützten sie sehr, indem sie ihnen silberne Geräte mitgaben sowie Gold, kostbare Dinge, aber auch Vieh. Zudem gab jeder großzügig eine Spende für den Wiederaufbau des Tempels.

König Kyrus ließ seinerseits alle goldenen und silbernen Gerätschaften, die Nebukadnezzar aus dem Tempel geraubt hatte, nach Jerusalem zurückbringen.

Ein Priester namens Jeschua und der Stammesführer Serubbabel führten in einem riesigen Zug mehr als 42.000 Juden zurück nach Juda. Alle brannten förmlich darauf, nach Jerusalem zurückzukehren, obwohl sie wussten, dass ihre Häuser nur noch ausgebrannte, zugewucherte Ruinen waren. Auf jeden Einzelnen wartete eine ungeheure Menge an Arbeit.

Trotzdem waren alle entschlossen, zuerst den Tempel wiederaufzubauen. Der Tempel war ihnen auch deswegen so wichtig, weil er ein Zeichen dafür war, dass Gott wieder bei seinem Volk war. Außerdem wollten sie einen Platz haben, an dem sie Gott zeigen konnten, wie glücklich sie über ihre Rückkehr waren.

Als Erstes wurden die Fundamente für den neuen Tempel gelegt. Als diese Arbeit abgeschlossen war, kamen die Priester in feierlichen Gewändern. Sie brachten ihre Widderhörner mit. Die Leviten, welche aus der Musikerfamilie Asaf stammten, brachten ihre Instrumente ebenfalls mit. Nun nahmen die Priester und Leviten ihre Plätze ein und fingen an, Gott zu loben und zu preisen. Sie sangen die Lieder, die David ihnen hinterlassen hatte, und dankten Gott von ganzem Herzen: „Unser Gott ist gut! Seine Liebe und Treue zu seinem Volk hat nie ein Ende!"

Die große Volksmenge stimmte in den Jubel ein, weil die Menschen sahen, dass nun schon die Fundamente für den Tempel gelegt waren.

Doch da geschah etwas Eigenartiges: In dem allgemeinen Jubel fingen die älteren Leviten und Familienhäupter lauthals zu weinen an. Sie hatten den ersten Tempel noch gesehen und wurden von der Erinnerung übermannt. So mischte sich ihr lautes Weinen in den Jubel aller anderen, und man konnte nicht mehr auseinanderhalten, was nun Jubel und was Jammer war. Jedenfalls machten alle einen so gewaltigen Lärm, dass dieser noch in großer Entfernung zu hören war.

Und vielleicht bekamen das sogar einige der umliegenden Völker mit, denn sie waren nicht gerade begeistert davon, dass die Juden ihren Tempel wiederaufbauen wollten. Und so taten sie alles, um sie von dem Vorhaben abzubringen – manchmal drohten sie ihnen, manchmal versuchten sie, die Israeliten durch Waffengewalt einzuschüchtern.

Sie bekamen dabei Unterstützung durch einen persischen Statthalter, der dafür sorgte, dass die Arbeiten endgültig eingestellt wurden. Die Schwierigkeiten dauerten bis zum zweiten Regierungsjahr von Darius an, der Kyrus als König von Persien abgelöst hatte.

Gott wusste, wie wichtig der Tempelbau für das ganze Volk war. Darum sandte er einen Propheten namens Haggai nach Jerusalem, der die Bevölkerung herausforderte, den Bau wieder aufzunehmen. Er sagte:

„Gott, der allmächtige Herr lässt euch Folgendes ausrichten: ‚Das Volk von Juda hat vor den Schwierigkeiten kapituliert. Es sagt, dass die Zeit noch nicht reif ist, den Bau des Tempels anzugehen. Doch ich sehe das anders: Während mein Haus in Trümmern liegt, lebt ihr bereits in Häusern mit schönen hölzernen Wänden.

Achtet doch mal darauf, wie es euch geht: Ihr sät viel aus, doch die Ernte ist bescheiden. Ihr habt zu essen, aber nicht genug, um satt zu werden. Ihr habt zu trinken, aber euer Durst bleibt. Ihr habt auch etwas zum Anziehen, aber es ist zu dünn, um euch zu wärmen. Ihr verdient zwar Geld, aber ihr könnt euch einfach nichts dafür kaufen.

Begreift doch endlich, warum es euch so schlecht geht …'"

Haggai fuhr fort, das weiterzugeben, was Gott ihm gesagt hatte: „Ihr habt große Erwartungen, aber wie viel davon erfüllt sich? Was ihr nach Hause bringt, blase ich einfach weg. Ihr wollt wissen, warum? Weil ihr mein Haus links liegen lasst, während ihr alles dafür tut, um euer eigenes Haus herzurichten. Weil ihr euch so verhalten habt, hält der Himmel den Tau zurück, und die Erde gibt einfach nicht genügend her. Ich war es, der dem Regen gesagt hat, dass er hier nicht fallen darf. Merkt ihr, dass es nicht einmal genug Trauben gibt, um Wein zu machen? Genauso ist es mit den Olivenbäumen. Wie viel Öl konntet ihr gewinnen? Die Leute fangen an zu leiden, auch das Vieh. Eure ganze harte Arbeit geht ins Leere.

Wollt ihr, dass sich daran etwas ändert? Dann geht ins Gebirge und holt Baumstämme herbei, damit ihr den Tempel weiterbauen könnt. Darüber werde ich mich freuen und das wird euer Leben verändern. Denn dann stellt ihr mich an die erste Stelle in eurem Leben."

Diese Botschaft kam an. Im Grunde liebten die Menschen Gott, aber sie hatten das Wesentliche aus den Augen verloren. So entschieden sich die Männer, sofort mit dem Bau des Tempels fortzufahren. Der Tempel, den sie bauen wollten, sollte genauso groß und prächtig werden wie der, den Salomo vor langer Zeit errichtet hatte.

Um ihnen dabei zu helfen, sandte Gott noch einen weiteren Propheten. Er hieß Sacharja und sollte den Bauleuten nicht nur sagen, was sie zu tun hatten, sondern auch alle ermutigen, sich voll und ganz hinter die Arbeit zu stellen. Manchmal musste er die Juden daran erinnern, dass Gott sie liebte und gerne wieder in ihrer Mitte sein wollte. Einmal ließ Gott seinem Volk durch Sacharja ausrichten:

„Ich bin geradezu eifersüchtig auf mein Volk, das in Jerusalem lebt. Ich werde wieder in ihre Mitte zurückkehren und unter meinem Volk leben. Dann wird man Jerusalem wieder ‚Stadt der Wahrheit' nennen und den Hügel, auf dem sie erbaut ist, den ‚Heiligen Berg' (Zion). Die Alten werden wieder auf den Plätzen Jerusalems sitzen und einen Stock in der Hand halten, weil sie ein hohes Alter erreicht haben. Und auf den Plätzen der Stadt werden viele Jungen und Mädchen spielen. Für die Menschen, die in dieser Zeit leben, wird alles wunderbar sein. Aber das ist noch nicht alles. Ich möchte mein Volk retten und es aus allen Ländern im Osten und im Westen nach Jerusalem zurückbringen. Dann werden sie wieder mein Volk sein und ich ihr treuer Gott. Ich werde meine Versprechen ihm gegenüber halten.

Hört doch auf das, was ich euch durch meine Propheten Haggai und Sacharja sage. Sie haben zu euch gesprochen, damit der Wiederaufbau des Tempels gelingt. Seid stark genug, um das Werk zu vollenden.

Und nun achtet einmal darauf, wie es euch jetzt geht: Eure Saat wird großartig aufgehen, eure Weinstöcke werden voller Reben sein, ihr werdet reichlich ernten können, weil der Himmel Tau und Regen nicht mehr zurückhält. Wie geht es euch jetzt?

Ein Wort noch zu Juda und Israel: Früher haben euch andere Völker verflucht, doch jetzt werde ich euch davor schützen. Ihr werdet ein Segen für andere sein. Habt keine Angst, sondern seid stark, wenn ihr mein Werk anpackt.

Aber eines ist mir besonders wichtig: Lügt euch nicht an. Eure Gerichte sollen weise und gerechte Urteile fällen. Schmiedet keine Pläne, um jemandem etwas Böses anzutun. Wenn ihr einen Eid schwören müsst, dann sagt die Wahrheit. Legt keinen Meineid ab! Viele Menschen machen das, aber ich hasse das alles."

Und Gott gewährte den Menschen auch einen kurzen Blick in die Zukunft: „Viele Nationen werden zu euch pilgern. Aus vielen Städten werden Menschen zu euch kommen. Einer wird zum anderen sagen: ‚Lasst uns nach Jerusalem gehen und dort Gott bitten, uns seine Gnade zu schenken! Wir wollen zu ihm aufschauen, denn er ist Gott.' Es wird eine große Zahl von Menschen nach Jerusalem strömen, die mich kennenlernen möchten. Sie alle werden mich um mein Wohlwollen bitten."

Der Bau des Tempels war wirklich keine einfache Aufgabe. Vor allem, weil die Leute, die das Land besiedelt hatten, als die Juden im Exil waren, den Wiederaufbau massiv verhindern wollten. Sie bedrohten die Handwerker und schrieben Briefe an König Darius, um die Juden endgültig am Bau zu hindern. Doch die Juden wehrten sich und verwiesen darauf, dass König Kyrus selbst sie geschickt habe, damit sie den Tempel wiederaufbauten. Hier ein Ausschnitt aus ihrem Bericht:

„König Kyrus selbst hat uns in seinem ersten Regierungsjahr den Befehl gegeben, das Haus Gottes in Jerusalem wiederaufzubauen. Er gab sogar all die goldenen und silbernen Tempelgerätschaften heraus, die Nebukadnezzar als Beute aus Jerusalem mitgenommen hatte. Diese gab er in die Obhut eines Mannes namens Scheschbazzar, den Kyrus zum Gouverneur über die Provinz Juda ernannt hat. (Es waren immerhin 5.400 Gefäße aus Gold oder Silber.) Er gab ihm den Auftrag, diese Gerätschaften sicher nach Jerusalem zu bringen, um sie dann wieder an den neu errichteten Tempel zurückzugeben. Der sollte übrigens an der gleichen Stelle erbaut werden, an der auch der erste Tempel gestanden hatte. Scheschbazzar schloss sich also dem Zug der Juden nach Jerusalem an und sorgte dafür, dass die Fundamente des Tempels gelegt wurden. Seit dieser Zeit haben wir immer wieder daran gebaut, aber der Tempel ist noch nicht fertig.

Und nun möchten wir Euch den Vorschlag unterbreiten, werter König Darius, doch in den Archiven von Babel nach der Urkunde suchen zu lassen, die diesen Befehl von König Kyrus enthält. Überzeugt Euch selbst, ob es stimmt, dass er den Wiederaufbau des Tempels in Jerusalem selbst angeordnet hat. Teilt uns dann doch mit, wie Ihr darüber befindet."

Darius ließ die Archive durchsuchen und das Dokument mit der Anordnung von König Kyrus wurde tatsächlich gefunden. Die Juden hatten nicht nur recht, ihre Gegner wurden sogar noch gezwungen, ihnen jede Art von Unterstützung zukommen zu lassen.

Jetzt konnte der Bau ungestört weitergehen, und die Menschen waren mit ganzem Herzen dabei, nicht zuletzt, weil Haggai und Sacharja sie immer wieder ermutigten. Und so wurde schließlich nach vielen Jahren und einer langen Unterbrechung der Tempel fertiggestellt. Seine Einweihung wurde mit einem riesigen Fest und vielen Opfern gefeiert. In der ganzen Stadt herrschte eine unbeschreibliche Freude. Und schon waren auch die Priester und Leviten eingeteilt, die von diesem Tag an den täglichen Dienst im Tempel verrichten sollten, ganz so, wie es Mose in seinen Schriften festgelegt hatte.

Kapitel 20
Die Königin der Schönheit und des Mutes

König sucht Frau

Jahrzehnte später wurde das große Perserreich von Artaxerxes regiert. Seine Frau blamierte bei einer Gelegenheit ihren Mann, den König, so sehr, dass er sie verstoßen und als Königin absetzen musste. Also musste für Artaxerxes eine neue Frau gefunden werden. Seine Beamten brachten aus dem ganzen Land junge, hübsche Frauen in den Palast, nach dem Motto „König sucht Frau".

Nun wohnte in der Nähe des Palastes ein Mann namens Mordechai, der nach dem Tod ihrer Eltern seine Cousine Ester bei sich aufgenommen hatte. Sie war sehr hübsch und darum wurde auch sie in den Palast gebracht.

Dort wurden alle diese jungen Frauen einer besonderen Schönheitskur unterzogen. Die Diener im Palast mochten Ester sehr, doch keiner kannte ihr Geheimnis: Sie war Jüdin. Dies behielt sie für sich, weil ihr Onkel Mordechai ihr dazu geraten hatte.

Mordechai wollte natürlich wissen, wie es seiner Ester im Palast ging, darum spazierte er jeden Tag an dem Haus vorbei, in dem die Frauen untergebracht waren. Immerhin dauerte die Schönheitskur ganze zwölf Monate. Vorher durfte keine Kandidatin zum König kommen.

Dann war es endlich so weit. Artaxerxes lernte Ester kennen, und er verliebte sich so sehr in sie, dass er sie zu seiner Frau erwählte und sie zur Königin machte. Zur Hochzeit wurde ein großes Fest gefeiert mit der ganzen Pracht, die das Perserreich damals zu bieten hatte. Großzügig verteilte der König viele Geschenke an die verschiedensten Leute. Und zu dem Festmahl wurden alle Adligen und hohen Beamten eingeladen.

Einer von diesen hohen Herren war Haman, ja, er besaß sogar mehr Macht als alle anderen im Persischen Reich, den König natürlich ausgenommen. Und er liebte es, Macht zu haben. Wenn ihn jemand nicht so respektierte, wie er es gern sah, war das für ihn eine unerträgliche Beleidigung.

Haman schaffte es sogar, dass der König die Anordnung gab, jeder möge sich zu Boden beugen, wenn Haman vorüberging. Alle gingen auf die Knie, nur einer nicht: Mordechai. Die Bediensteten am Hof fragten ihn, warum er den Befehl des Königs missachten würde. Irgendwann meldeten sie es Haman, um zu sehen, was er tun würde, denn sie hatten erfahren, das Mordechai Jude war.

Haman sah täglich, dass sich dieser Jude weigerte, vor ihm auf die Knie zu gehen, und er kochte vor Wut. Es hätte ihm nicht gereicht, sich nur an Mordechai zu rächen, er war fest entschlossen, jeden Juden im Reich umbringen zu lassen.

So ging Haman zu König Artaxerxes und berichtete ihm von einem Volk, das in seinem Reich leben, aber seine Vorschriften missachten würde. Es würde überall seine Autorität untergraben, kurzum: Es wäre das Beste, wenn er den Befehl erteilen würde, dass dieses Volk zu beseitigen sei. Er bot dem König außerdem für die Durchführung dieser Anordnung eine enorme Summe Geld an.

Artaxerxes fragte nicht einmal nach, sondern sagte nur: „Mach mit diesem rebellischen Volk, was du für richtig hältst!" Und so kam es, dass Haman einen Befehl in das weite Reich der Perser hinausschickte, dass an einem bestimmten Tag alle Juden zu töten und ihr Besitz zu beschlagnahmen seien.

Haman war ein ehrgeiziger, machtbesessener Mann, dem es nichts ausmachte, wegen einer persönlichen Kränkung Zehntausende Menschen umzubringen. Geschickt missbrauchte er das Vertrauen von Artaxerxes, um seinen mörderischen Plan umzusetzen.

Schon bald erfuhr Mordechai davon und das drohende Unheil für alle Juden ließ ihn vor Sorge fast verrückt werden. Er zerriss seine Kleidung, zog Sacktuch an und streute sich Asche aufs Haupt und ging schließlich zum Palast, um mit der Königin zu reden. Er erzählte Ester, was Haman mit allen Juden im Reich zu tun plante. Weil Artaxerxes seine Frau liebte und sie Jüdin war, bat Mordechai sie, den König zu bitten, den Mordbefehl zurückzunehmen.

Obwohl Ester Königin war, riskierte sie ihr Leben, wenn sie unaufgefordert vor den König trat. Je nach Laune konnte er sie anhören oder sofort hinrichten lassen. Doch um das Leben ihres Volkes zu retten, nahm sie dieses große Risiko auf sich. Doch zuvor bat sie Mordechai, mit anderen Juden zusammen drei Tage lang zu fasten und – was für einen Juden selbstverständlich dazugehört – zu beten.

Nach diesen drei Tagen zog Ester ihr königliches Gewand an. Dann trat sie in den innersten Hof des Palastes, der unmittelbar vor dem Thronsaal lag. Artaxerxes, der den Eingang im Blick hatte, entdeckte Ester und war sehr angetan von dem, was er da sah. Als Zeichen dafür, dass sie zu ihm kommen konnte, deutete er mit seinem goldenen Zepter auf sie. Ester näherte sich ihm und berührte, wie vorgeschrieben, die Spitze des Zepters.

Da erst fragte der König sie: „Was möchtest du von mir? Ich bin bereit, dir die Hälfte meines Königreichs zu geben!"

„König Artaxerxes", entgegnete Ester, „wenn es dir gefällt, würde ich dich gerne zu einem Abendessen einladen, das ich für dich vorbereitet habe. Und bitte bring auch Haman mit."

„Sagt sofort Haman Bescheid", befahl Artaxerxes seinen Dienern. „Wir wollen Esters Einladung annehmen."

Ester sorgte dafür, dass es ein rundum gelungener Abend wurde. Haman fühlte sich durch die Einladung enorm geschmeichelt, und das umso mehr, als Ester beide noch einmal für den darauffolgenden Abend zum Essen einlud. Der König selbst war allerdings sehr gespannt, was sie eigentlich wollte. Das kam dann am nächsten Abend heraus, zu dem auch Haman wieder bestens gelaunt erschien.

Wie schon am ersten Abend fragte der König beim Essen die Königin: „Was liegt dir denn am Herzen, Königin Ester? Ich werde es dir geben. Was wünschst du dir? Selbst wenn es die Hälfte meines Reiches wäre: Es soll geschehen!"

Da antwortete Ester: „König Artaxerxes, ich hoffe auf dein Wohlwollen. Ich hoffe, du wirst Nachsicht mit mir haben und mich am Leben lassen. Ich möchte dich um etwas bitten: Bitte lass mein Volk am Leben! Denn mein Volk und auch ich sollen umgebracht werden. Wir wurden verkauft, um ermordet zu werden. Wären wir nur als Sklaven verkauft worden, hätte ich dazu nichts gesagt, denn das wäre nicht wichtig genug, um den König damit zu belästigen."

Artaxerxes war bestürzt. „Wer hat es gewagt, so etwas auch nur zu denken, geschweige denn zu tun?!"

Ester deutete auf Haman. „Niemand anderer als er, König. Dieser Mann hasst uns, darum will er deine Macht gebrauchen, um unser Volk auszulöschen."

Haman wusste, das sein letztes Stündlein geschlagen hatte. Umgehend wurde er an dem Galgen aufgeknüpft, den er eigentlich extra für Mordechai hatte errichten lassen.

Ester rettete mit ihrem Mut tatsächlich unzähligen Juden das Leben. Sie blieben nicht nur am Leben, sondern durften in einer ganz neuen Weise erfahren, was es hieß, von den Nichtjuden geachtet zu werden. Noch heute ist Purim – das Fest, das an diese Rettung erinnert – das fröhlichste im jüdischen Kalender.

Übrigens: Mordechai erhielt Hamans Posten und war beim ganzen Volk geachtet und beliebt.

Kapitel 21

Zweiundfünfzig Tage Zittern und Schuften

Eine gewaltige Bauleistung unter ständiger Bedrohung

Es ist eine der erstaunlichsten Tatsachen der Geschichte, dass mehrere Könige Persiens sich in außerordentlicher Weise um das kleine Volk der Juden kümmerten. So war es König Artaxerxes, der Esra, einen jüdischen Priester und Schriftgelehrten, so sehr schätzte, dass er ihn mit einem weiteren Treck nach Jerusalem schickte, um dort die Menschen in den heiligen Schriften zu unterweisen. Er gab ihm reichlich Gold und Silber und auch viele Tiere mit, damit in Jerusalem immer genügend Opfer dargebracht werden konnten.

Neben Esra machten sich im siebten Regierungsjahr von König Artaxerxes auch normale Rückkehrer sowie Priester, Leviten, Sänger, Tempeldiener und Tempelwachen auf den Weg nach Jerusalem.

Sechzig Jahre nach der Einweihung des Tempels war Jerusalem immer noch keine richtige Stadt. Etwas ganz Entscheidendes fehlte: Mauern und Tore.

Eines Tages bekam der Mundschenk des Königs von Persien, Nehemia, Besuch von seinem Bruder Hanani, der schon länger in Jerusalem lebte. Dieser berichtete ihm vom Leben dort und dass die Mauern Jerusalems immer noch in Trümmern liegen würden. Als Nehemia das hörte, ging ihm das so zu Herzen, dass er weinen musste. Ja, die Trauer hielt tagelang an. Doch Nehemia wollte sich damit nicht abfinden. Nur: Um die Mauern Jerusalems wiederaufzubauen, benötigte er die ausdrückliche Erlaubnis des Königs. Und außerdem die Entlassung aus seinem Dienst. So begann er, zu fasten und zu beten. Er bat Gott inständig darum, dass der König ein offenes Ohr für ihn haben würde.

„Herr, du bist der Gott des Himmels. Du bist ein großer und wunderbarer Gott. Du hältst deinen Bund mit allen, die dich lieben und deine Weisungen halten. Du zeigst ihnen deine Liebe. So bitte ich dich, doch mein Gebet zu erhören. Sieh doch, wie dein Volk leidet. Bitte höre mir zu, denn ich bete Tag und Nacht für dein Volk Israel zu dir. Wir Israeliten bekennen unsere Schuld vor dir. Jeder von uns gibt seine Schuld zu. Auch ich und meine Familie haben uns dir gegenüber falsch verhalten. Höre, Herr, worum ich dich bitte!"

Und Gott erhörte sein Gebet. König Artaxerxes ließ Nehemia nicht nur nach Jerusalem gehen, sondern gab ihm auch die Erlaubnis, die Mauern Jerusalems wiederaufzubauen. Ja, er gab Nehemia sogar den expliziten Auftrag dazu und Nehemia setzte ihn mit Geschick und Können um. Doch alle Stämme, die sich in der Nähe von Jerusalem angesiedelt hatten, fanden es überhaupt nicht gut, dass Jerusalem schon bald wieder eine befestigte Stadt sein würde. Sie fingen an, die Arbeit auf jede erdenkliche Weise zu sabotieren. Doch die Arbeit ging ohne Unterbrechung weiter, weil alle mit ganzem Herzen und bis zur Erschöpfung bei der Sache waren. Werfen wir noch einen Blick in die Aufzeichnungen Nehemias.

„So stationierte ich unsere Männer hinter dem Teil der Mauer, der noch am niedrigsten war. Wenn, dann würden unsere Feinde am ehesten an dieser Stelle angreifen. Jede Familie musste hier bewaffnet mit Schwertern, Lanzen, Pfeil und Bogen Wache halten.

Nachdem ich alles inspiziert hatte, traf ich mich mit den Ältesten, den Anführern und dem übrigen Volk und machte ihnen Mut: ‚Fürchtet euch nicht vor unseren Feinden! Denkt daran, dass Gott an unserer Seite ist. Er ist groß und mächtig. Denkt an eure Familien, und kämpft für eure Brüder, Söhne, Töchter und Frauen, ja, auch für euer Zuhause.'

Als unsere Feinde mitbekamen, dass wir uns auf ihren Angriff vorbereiteten, ließen sie ihre Pläne sausen, und wir konnten die Arbeit an der Mauer wieder aufnehmen. Jeder ging zurück an seine Baustelle. Doch von diesem Tag an arbeitete immer nur die Hälfte der Männer, die andere hielt schwer bewaffnet hinter ihnen Wache. Aber auch die Arbeiter selbst hatten ständig eine Waffe bei sich, sodass manche nur mit einer Hand zufassen konnten. Bei mir selbst stand ein Hornbläser, der im Falle eines Angriffs sofort ein Alarmsignal geben konnte.

Wir arbeiteten vom ersten Tageslicht an, bis die Sterne aufgingen. Nachts kamen dann alle in die Stadt, um sie im Ernstfall zu verteidigen. Ich zog meine Kleidung selbst nachts nicht aus, so wie alle anderen auch. Jeder von uns hatte immer seine Waffe griffbereit, selbst wenn er nur zum Waschen ging."

Trotz dieser großen Einschränkung – dass sie ständig kampfbereit sein mussten – war die Mauer in unglaublichen 52 Tagen wiederaufgebaut. Die Mauer hatte sich wieder rings um Jerusalem geschlossen. Es war Zeit für ein großes Fest – und für einen noch größeren Dank an Gott, der seine Hand über der ganzen Arbeit gehalten hatte.

Alle versammelten sich auf dem großen Platz vor dem Wassertor. Sie baten den Priester Esra, ihnen aus dem Buch vorzulesen, in dem alle Weisungen standen, die Gott Mose gegeben hatte. Das Volk wollte die Satzungen Gottes kennenlernen und niemand kannte sie besser als Esra. Damit alle ihn hören und sehen konnten, hat man für ihn extra eine Kanzel aus Holz gebaut.
    Als Esra feierlich die Buchrolle öffnete, stand das ganze Volk auf. Esra pries Gott für seine Liebe und Größe. Alle Menschen erhoben ihre Hände zum Himmel und riefen: „Amen, Amen!"
    Dann beteten sie Gott an, indem sie sich tief bis auf den Boden verneigten.
    Vom Morgen bis zum Mittag wurde den Versammelten vorgelesen. Dann sprachen Nehemia und Esra zu den Anwesenden, und auch die Leviten versuchten, ihre Fragen zu beantworten.
    Am Ende hieß es immer wieder: „Dieser Tag ist Gott geweiht, eurem Gott, darum seid nicht traurig, und weint nicht!
    Geht also nach Hause, macht euch etwas Leckeres zu essen und trinkt dazu einen guten Tropfen. Ladet die ein,

die nichts haben! Seid also nicht länger traurig, sondern denkt daran: Die Freude am Herrn ist eure Stärke!"

Daraufhin gingen alle nach Hause und ließen es sich gut gehen. Wer nichts hatte, um ein Festessen zu veranstalten, der wurde eingeladen. Und so wurde die Fertigstellung der Mauer zu einem einzigen großen Fest.

Im Laufe der Zeit kehrten viele der Juden aus Babel zurück und ließen sich im Land Juda nieder. Natürlich wurde das Land auch immer wieder einmal von fremden Völkern angegriffen, aber es blieb als Ganzes mit seiner Hauptstadt Jerusalem bestehen.

Vierhundert Jahre später war Rom die größte Macht in der westlichen Welt. Es eroberte Juda und zwang den Juden seine römischen Gesetze auf. Das war eine harte Zeit für die Bewohner von Juda, aber genau in dieser Zeit setzte Gott seinen Plan um, den er schon Jahrhunderte vorher angekündigt hatte. Der Messias, dessen Kommen Jesaja und andere Propheten bereits vorausgesagt hatten, trat in die Geschichte ein. Nicht nur in die des Volkes Israel, sondern der gesamten Menschheit.

Kapitel 22
Ein König für die ganze Welt

*Der angekündigte Nachkomme Davids,
dessen Herrschaft nie mehr endet*

Johannes war einer der Jünger Jesu. Er schrieb einen der vier Berichte (Evangelien), in denen er seine Erfahrungen mit Jesus festhielt. Sein Evangelium hat einen ganz besonderen Anfang. Johannes nennt Jesus hier „das Wort", weil Jesus selbst alles war und ist, was Gott jemals über sich selbst sagen konnte.

Im Anfang war das Wort,
und das Wort war bei Gott,
und Gott war das Wort.
Das Wort war von Anfang an bei Gott.
Alles wurde durch es geschaffen,
nichts wurde ins Dasein gerufen ohne das Wort.
In der ganzen Schöpfung war es das Leben,
und dieses Leben ist das Licht, das die Menschen zum Leben brauchen.
Dieses Licht strahlte in der Dunkelheit,
doch die Dunkelheit hat es nicht angenommen.

Gott wollte die Menschen auf das Kommen dieses Licht vorbereiten. Darum beauftragte er einen Mann namens Johannes, die Menschen auf das Licht hinzuweisen, damit sie sich ihm vertrauensvoll öffnen könnten. Johannes selbst wusste nur zu gut, dass er nicht das Licht war, sondern dass seine Aufgabe einzig darin bestand, die Menschen auf das Licht hinzuweisen, das mitten unter ihnen sein würde.

So kam das Wort als Licht der Wahrheit in die Welt,
um das Leben jedes einzelnen Menschen hell zu machen.
Es war in der Welt,
die es selbst ins Dasein gerufen hat,
doch diese hat es nicht einmal bemerkt.
Er kam in sein Eigentum,
doch die Seinen haben ihn nicht aufgenommen.
Doch allen, die ihr ganzes Vertrauen auf ihn setzten und ihn aufnahmen,
gab er die Vollmacht, als Kinder Gottes leben zu können.
Das sind die Menschen, die sich nicht mehr nur als Kinder ihrer leiblichen Väter verstehen,
sondern für die Gott wirklich Vater geworden ist.
Das Wort wurde Mensch,
und es wohnte mitten unter uns.
Wir haben seine Herrlichkeit mit eigenen Augen gesehen,
die Herrlichkeit, die er als Sohn des Vaters besitzt und die ihn eins macht mit ihm.
Ja, wir haben seine Gnade erfahren und wissen,
dass er die Wahrheit selbst ist.

Johannes deutete auf ihn hin und rief: „Das ist der Eine, von dem ich euch gesagt habe, dass er zwar nach mir kommen wird, in Wirklichkeit aber schon immer vor mir war."

Wir alle leben von seiner übergroßen Güte,
erhalten Gnade über Gnade.
Mose hat den Menschen das Gesetz gebracht,
doch erst durch Jesus Christus haben wir die ganze Wahrheit erfahren,
dass alles Gnade, unverdientes Erbarmen Gottes ist.
Niemand hat Gott jemals gesehen,
doch der Sohn, der ganz eins mit dem Vater ist und
am Herzen seines Vaters ruht,
hat uns gezeigt, wie Gott wirklich ist.

Einer der vier Männer, die die Geschichte Jesu aufgeschrieben haben, war Lukas. Von ihm stammt der folgende Bericht über die Geburt Jesu.

Gott schickte den Engel Gabriel zu einer jungen Frau in das Dorf Nazaret in Galiläa. Sie hieß Maria und war mit Josef, einem direkten Nachfahren Davids, verlobt. Nachdem der Engel eingetreten war, grüßte er Maria mit den Worten: „Sei gegrüßt, Begnadete. Der Herr ist mit dir!" Maria war völlig durcheinander und fragte sich, was es wohl mit diesem Gruß auf sich hatte.

Doch der Engel beruhigte sie: „Maria, du hast nichts zu befürchten, denn du hast bei Gott Gnade gefunden. Etwas Außergewöhnliches wird geschehen: Du wirst schwanger werden und einen Sohn zur Welt bringen, den du ‚Jesus' nennen wirst. Er wird groß sein und ‚Sohn des Höchsten' genannt werden. Der Herr, unser Gott, wird ihm den Thron seines Vaters David geben. Er wird das Haus Jakobs für immer regieren – ja, seine Herrschaft wird niemals ein Ende haben."

Maria entgegnete dem Engel: „Aber wie soll das denn gehen? Ich war noch nie mit einem Mann zusammen."

Der Engel gab ihr zur Antwort: „Der Heilige Geist, die Kraft des Allerhöchsten, wird über dich kommen; darum wird auch das Kind, das du auf die Welt bringst, ‚heilig‘ und ‚Sohn Gottes‘ genannt werden."

„Du sollst wissen, dass ich bereit bin, meinem Gott zu dienen", entgegnete Maria. „All das kann mit mir so geschehen, wie du es gesagt hast."

Daraufhin verließ der Engel sie.

Später, als sie ihre Cousine Elisabet besuchte, brach der ganze Jubel aus ihr heraus:

„Ich freue mich so über Gott und alles, was er für mich getan hat!
Ich möchte ihm zu Ehren ein Lied singen, denn er ist mein Retter.
Gott hat sich von meiner Bedeutungslosigkeit nicht abschrecken lassen.
Von jetzt an werden mich unzählige Menschen auf dieser Welt
für die glücklichste Frau auf Erden halten!
Denn was Gott für mich getan hat, wird man niemals mehr vergessen,
der Gott, dessen Name heilig ist und weit über allen anderen steht.
Unendlich ist sein Erbarmen gegenüber denen,
die ihm mit Ehrfurcht begegnen und ihn ernst nehmen.

Anders geht es denen, die sich für großartig halten.
Sie lässt er seine Macht spüren.
Er holt die Tyrannen von ihrem Thron herunter,
hebt dafür die Opfer auf und schenkt ihnen Ehre.
Hungrige werden bei ihm satt;
hartherzige Reiche dagegen gehen leer aus.
Noch einmal kümmert er sich um Israel,
sein auserwähltes Kind;
er erinnert sich an das Erbarmen, das er unseren Vätern zugesagt hat,
Abraham und seinen Nachkommen bis in Ewigkeit."

Josef und Maria waren verlobt, aber noch nicht verheiratet. Darum war Josef umso erstaunter, als Maria ihm mitteilte, dass sie ein Baby erwarten würde. Weil er nichts von dem Eingreifen Gottes wusste, suchte er nach einem für Maria günstigen Ausweg.

Josef wollte ihr die Möglichkeit geben, sich – wie er vermutete – mit dem unbekannten anderen Mann zu verloben. Darum war er entschlossen, ohne großes Aufsehen die Verlobung zu lösen, um Maria die unausweichlichen Peinlichkeiten beziehungsweise eine öffentliche Verurteilung zu ersparen.

Während dieser Entschluss in ihm reifte, sah er nachts im Traum einen Engel, der ihn ansprach: „Josef, Sohn des David, du brauchst keine Bedenken zu haben, Maria als deine Frau zu dir zu nehmen. Denn da gibt es keinen anderen Mann, sondern Gott selbst hat durch seinen Heiligen Geist das neue Leben in ihr geweckt. Sie wird einen Sohn zur Welt bringen, dem du den Namen ‚Jesus' geben sollst. Dieser Name besagt, dass er es ist, der sein Volk von seiner Schuld befreien wird. All dies ist nichts anderes als die Erfüllung dessen, was der Prophet Jesaja Jahrhunderte vorher bereits angekündigt hat: ‚Ihr werdet es sehen: Die Jungfrau wird schwanger werden und einen Sohn zur Welt bringen. Ihn wird man Immanuel nennen, was so viel heißt wie »Gott ist mit uns«.'"

Als Josef aufwachte, tat er genau das, was ihm der Engel gesagt hatte, und er nahm Maria als seine Frau zu sich.

(Doch selbst die Geburt sollte alles andere als einfach werden.)

Denn genau in dieser Zeit erließ Kaiser Augustus von Rom aus den Befehl, die gesamte Bevölkerung des riesigen Reiches in Steuerlisten zu erfassen. Es war die erste Steuererhebung dieser Art. Damals war Quirinius Gouverneur der Provinz Syrien, zu der auch Israel gehörte. Jeder musste an den Ort reisen, aus dem seine Vorfahren stammten. Dort wurde er dann in Steuerlisten eingetragen. So machte sich auch Josef aus der Stadt Nazaret in Galiläa auf den Weg nach Betlehem in Judäa. Da er ein Nachfahre Davids war, musste er in dessen Stadt, um sich dort eintragen zu lassen. Begleitet wurde er von Maria, seiner Verlobten, die hochschwanger war.

Während sie dort waren, kam für sie die Zeit, das Kind auf die Welt zu bringen: Sie schenkte einem Sohn das Leben. Sie wickelte ihn in Tücher und legte ihn in eine Futterkrippe, denn es gab für sie keine Unterkunft mehr in der einzigen Herberge am Ort.

Einige Schafhirten übernachteten ganz in der Nähe auf freiem Feld. Sie hatten Nachtwachen für ihre Schafe aufgestellt. Plötzlich stand ein Engel Gottes mitten unter ihnen und die Herrlichkeit Gottes umstrahlte ihn. Die Hirten erschraken furchtbar.

Doch der Engel sagte: „Habt keine Angst. Ich bin hier, um euch ein Ereignis mitzuteilen, das euch froh macht und das für alle Menschen Grund zu großer Freude sein wird: In dieser Nacht wurde in der Stadt Davids der geboren, von dem die Schrift sagt, dass er der langersehnte Messias ist, der die Menschheit retten wird.

Und daran werdet ihr ihn erkennen: Ihr werdet ein Neugeborenes finden, das man in Windeln gewickelt und in eine Futterkrippe gelegt hat."

Auf einmal war der Engel von einem riesigen Chor von Engeln umgeben, die Gottes Lob sangen: „Ehre sei Gott in der Höhe, Friede allen Männern und Frauen auf Erden, an denen er Freude hat."

Als der Chor der Engel wieder vom nächtlichen Himmel aufgenommen worden war, unterhielten sich die Schafhirten aufgeregt miteinander: „Lasst uns so schnell wie möglich nach Betlehem gehen und mit eigenen Augen sehen, was Gott uns gezeigt hat."

Sie verließen die Herden und rannten los. Und sie fanden Maria und Josef und das Baby, das tatsächlich in einer Futterkrippe lag. Da erzählten sie von ihrer Begegnung mit dem Engel und all dem, was er über das Kind gesagt hatte. Alle, die den Schafhirten zuhörten, waren sehr verwundert, doch Maria merkte sich alle diese Ereignisse und bewahrte sie sorgsam in ihrem Herzen. Die Schafhirten kehrten zu ihren Herden zurück und ließen dabei ihrer Freude freien Lauf. Sie lobten und dankten Gott für alles, was sie gehört und gesehen hatten.

Alles war genauso gekommen, wie man es ihnen gesagt hatte.

Jesus wurde in Betlehem in Judäa zu der Zeit geboren, als Herodes der Große noch König war. Da kamen Sterndeuter aus einem Land weit östlich von Judäa nach Jerusalem, die sich nach einem neugeborenen König der Juden erkundigten. Sie hätten seinen Stern aufgehen sehen und seien gekommen, um sich vor ihm niederzuwerfen. Für die Bewohner Jerusalems war diese Nachricht eine echte Sensation. Den machtbesessenen Herodes versetzte sie allerdings in Panik.

Für Herodes stellte jeder, der ihn möglicherweise einmal vom Thron stürzen könnte, eine persönliche Bedrohung dar. Darum warnte Gott Josef, bevor Herodes versuchen konnte, das Kind mit brutaler Gewalt umzubringen. Er floh mit seiner kleinen Familie nach Ägypten und kehrte erst nach dem Tod des Herodes wieder zurück.

Jedes Jahr reisten die Eltern von Jesus anlässlich der Feier des Passafestes nach Jerusalem. Als er zwölf Jahre alt war, gingen sie wieder einmal zum Fest nach Jerusalem. Nach den Festtagen machten sie sich wieder auf den Heimweg. Doch Jesus blieb in Jerusalem zurück, ohne dass seine Eltern dies mitbekamen. Sie waren der festen Überzeugung, dass er irgendwo in der Reisegruppe der heimkehrenden Pilger sei. So waren sie bereits einen Tag lang unterwegs, als sie anfingen, ihn bei den Verwandten und Nachbarn zu suchen. Da sie ihn nirgendwo fanden, kehrten sie nach Jerusalem zurück, um ihn dort zu suchen.

Am dritten Tag nach ihrer Abreise fanden sie ihn dann endlich im Tempel. Er saß mitten unter den Schriftgelehrten, hörte ihnen zu und stellte ihnen Fragen. Diese erfahrenen Männer waren ausnahmslos sprachlos und ganz hingerissen von ihm. Vor allem beeindruckte sie die Klarheit seiner Antworten.

Seine Eltern hingegen waren weitaus weniger begeistert. Seine Mutter war außer sich: „Kind, warum machst du etwas, das uns so verletzt? Dein Vater und ich sind vor Sorge um dich fast verrückt geworden!"

„Warum habt ihr mich denn gesucht?", entgegnete Jesus. „Wusstet ihr wirklich nicht, dass ich hier sein muss, hier im Haus meines Vaters?" Doch seine Eltern verstanden nicht, was er damit meinte.

Schließlich ging er mit ihnen nach Nazaret zurück und lebte mit ihnen in gewohntem Gehorsam. Seine Mutter behielt alle diese Ereignisse sorgfältig in ihrem Herzen. Und Jesus reifte heran, wuchs körperlich und geistig und war bei Gott und den Menschen gleichermaßen geachtet.

Kapitel 23

Jesus

Der Mann, der in kein Schema passt

Die Bibel erzählt uns nichts davon, was Jesus zwischen seinem zwölften und seinem dreißigsten Lebensjahr getan hat. Höchstwahrscheinlich hat er den Beruf seines Vaters erlernt und wie jeder Junge mit seinen Freunden gespielt.

Vielleicht traf Jesus sich sogar hin und wieder mit seinem Cousin Johannes. Auch dieser hatte von klein auf eine ganz besondere Beziehung zu Gott. Genau wie bei Jesus wurde seine Geburt von einem Engel angekündigt. Und der Engel sagte von ihm, dass er die Welt auf das Kommen des Messias – Jesus – vorbereiten würde.

Während Jesus noch im Hügelland von Galiläa lebte, predigte in der Wüstenlandschaft von Judäa ein Mann namens Johannes, den man auch den „Täufer" nannte. Er rief zu einer radikalen Umkehr auf: „Ändert euer Leben. Gottes Herrschaft ist da." Viele ahnten, dass er der Mann war, auf den der Prophet Jesaja schon Jahrhunderte zuvor hingewiesen hatte: „In der Wüste hört man eine laute Stimme: Bereitet euch auf die Ankunft Gottes vor! Macht die Straßen für ihn eben und gerade!"

Johannes war in ein Kamelhaargewand gekleidet, das mit einem Ledergürtel zusammengehalten wurde und jeden gläubigen Juden sofort an den großen Propheten Elija erinnerte, der ähnlich gekleidet gewesen war. Er lebte von dem, was Nomaden in der Wüste vorfinden: Heuschrecken und wildem Honig.

Unzählige Menschen strömten aus Jerusalem, Judäa und aus den Gebieten um den Jordan zu ihm hinaus, um ihn zu hören. Viele wurden sich bewusst, wie schuldbeladen ihr Leben war, und sie ließen sich als Zeichen ihrer Umkehr von Johannes im Jordan taufen.

Eines Tages kam auch Jesus von Galiläa herunter an den Jordan. Er wollte, dass Johannes ihn taufte. Doch Johannes entgegnete ihm: „Ich bin derjenige, der es nötig hätte, getauft zu werden, nicht du!"

Aber Jesus bestand darauf: „Tu es ruhig. Gott will damit deutlich machen, wie er in Zukunft Menschen von ihrer Schuld befreien und annehmen möchte." Da taufte Johannes Jesus im Jordan.

In dem Augenblick, als Jesus nach der Taufe aus dem Wasser stieg, öffnete sich der Himmel, und er sah den Geist Gottes wie eine Taube auf sich herabschweben. Gleichzeitig war eine Stimme zu hören: „Dies ist mein Sohn, den ich über alles liebe."

Kurz darauf wurde Jesus vom Geist Gottes in die Wüste geführt. Dort stellte ihn der Widersacher Gottes auf eine harte Probe. Jesus hatte sich vorgenommen, eine längere Zeit mit Fasten und Gebet zu verbringen. Nach etwa vierzig Tagen wurde sein Hunger fast unerträglich. Darin lag die Chance für den Widersacher Gottes, der ihm einflüsterte: „Also, wenn du schon Gottes Sohn bist, dann brauchst du doch nur etwas zu sagen und diese Steine hier verwandeln sich in Brotlaibe."

Jesus antwortete ihm mit einem Wort aus der Heiligen Schrift: „Der Mensch lebt nicht allein vom Brot, sondern von jedem Wort, das aus dem Mund Gottes kommt."

Der Widersacher brachte Jesus daraufhin nach Jerusalem zum höchsten Punkt des Tempels und forderte ihn auf: „Wenn du schon Gottes Sohn bist, dann los, spring hier hinunter! Schließlich heißt es doch so schön im Psalm: ‚Er hat dich der Sorge der Engel anvertraut. Sie werden dich auffangen, sodass du nicht einmal mit einem Zeh an einen Stein stößt.'"

Jesus hielt ihm wieder ein Schriftwort entgegen: „Wage es nicht, den Herrn, deinen Gott, auf die Probe zu stellen."

Eine letzte große Versuchung stand noch aus. Was wäre, wenn Jesus sich demjenigen unterordnete, der überzeugt war, er beherrsche die ganze Welt? So nahm ihn der Widersacher mit auf den Gipfel eines gewaltigen Berges. Mit einer weit ausladenden Geste deutete er auf alle Königreiche der Erde mit all ihrer Herrlichkeit. Dann sagte er: „Das gehört alles dir – stell dir vor: die Länder, die Menschen, die Reichtümer –, wenn du auf deine Knie gehst und mich anbetest."

Jesus ließ sich nicht beirren und fuhr den Versucher an: „Aus den Augen, Satan! Die Schrift selbst entlarvt dich, denn sie sagt: ‚Bete den Herrn, deinen Gott an, und nur ihn allein. Diene ihm mit einem ungeteilten Herzen.'" Im gleichen Augenblick verließ ihn der Widersacher. An seine Stelle traten Engel! Sie waren gekommen, um sich um alles zu kümmern, was er brauchte.

Nachdem Jesus aus der Wüste zurückgekehrt war, begann er, zu den Menschen zu sprechen. Johannes predigte unterdessen weiter am Ufer des Jordan, sehr zum Ärger der führenden Juden in Jerusalem. Eines Tages brachen sie einen Streit vom Zaun.

Die jüdischen Behörden in Jerusalem sandten eine Gruppe von Priestern und Tempeldienern zu Johannes an den Jordan, um ihn zu fragen, für wen er sich eigentlich hielte.

Seine Antwort ließ nicht den geringsten Zweifel zu: „Ich bin nicht der Messias."

Doch sie ließen nicht locker: „Wer bist du dann? Etwa Elija?"

„Auch der bin ich nicht."

„Der Prophet?"

„Nein."

Ungeduldig fragten sie ihn noch einmal: „Wer bist du dann? Wir müssen den Leuten, die uns gesandt haben, eine Antwort mitbringen. Sag uns selbst etwas über dich."

„Ich bin eine Stimme in der Wüste, die ruft: ‚Ebnet die Straßen für Gott!' Genau das hat der Prophet Jesaja bereits angekündigt."

Unter den Abgesandten befanden sich auch Pharisäer. Diese hatten natürlich ihre eigenen Fragen: „Wenn du weder der Messias noch Elija, noch der Prophet bist – warum taufst du dann?"

Johannes entgegnete: „Ich taufe nur mit Wasser. Doch mitten unter euch lebt bereits einer, den ihr noch nicht kennt. Er kommt nach mir, aber er steht weit über mir. Ich bin nicht einmal würdig, ihm wie ein Sklave die Sandalen nachzutragen."

Dieses Gespräch fand in Bet-Ainon auf der anderen Seite des Jordan statt, wo Johannes zu dieser Zeit taufte.

Bereits am nächsten Tag war es so weit: Johannes erkannte Jesus unter den anwesenden Menschen. Da rief er laut: „Seht, das ist Gottes Lamm! Es wird die Schuld der ganzen Welt auf sich nehmen! Das ist der Mann, von dem ich gesprochen habe: ‚der Eine, der nach mir kommen wird, in Wirklichkeit aber schon vor mir war'. Ich weiß nichts über ihn – ich weiß nur das eine: Es war meine Aufgabe, Israel durch die Taufe so vorzubereiten, dass es umkehrt und in der Lage ist, diesen Mann wie eine Offenbarung Gottes selbst anzunehmen."

Und Johannes fügte hinzu: „Noch einmal, ich weiß nichts über ihn, nur das eine: Der mir die Autorität gegeben hat, mit Wasser zu taufen, der hat mir auch gesagt: ‚Der, auf den du den Heiligen Geist herabkommen siehst und auf dem er bleibt, der ist es, der die Menschen mit dem Heiligen Geist taufen wird.' Und genau das habe ich gesehen. Der Heilige Geist kam wie eine Taube vom Himmel herab und blieb auf ihm. Darum kann ich bezeugen: Dieser da ist der Sohn Gottes."

Bevor Jesus sein öffentliches Wirken begann, sammelte er einige Männer um sich, die ihn begleiteten und die von ihm lernen sollten. Sie wurden „Jünger" genannt und folgten Jesus praktisch überallhin. So konnten sie Augenzeugen von vielen wunderbaren Ereignissen werden. Einmal war einer von ihnen, Simon Petrus, sehr in Sorge, weil seine Schwiegermutter hohes Fieber hatte. So ging Jesus mit ihm.

Simons Schwiegermutter lag krank im Bett und hatte hohes Fieber. Als Jesus davon erfuhr, ging er zu ihr, nahm ihre Hand und richtete sie auf. Kaum hatte das Fieber sie verlassen, stand sie auch schon auf und machte ihren Gästen etwas zu essen.

An diesem Abend brachte man nach Sonnenuntergang kranke und vom Bösen geplagte Menschen zu ihm; die ganze Stadt schien in einer langen Schlange vor seiner Türe zu stehen. Er heilte ihre kranken Körper und gequälten Seelen. Weil die Dämonen wussten, wer er war, ließ er sie kein einziges Mal zu Wort kommen.

Einmal kam ein Leprakranker zu ihm und flehte ihn auf Knien an: „Wenn du willst, kannst du mich rein machen."

Jesus war betroffen. Voller Erbarmen streckte er seine Hand aus und berührte ihn. Dabei sagte er: „Ich will es, sei rein!" Und sofort verschwand die Lepra, die Haut des Mannes wurde glatt und gesund.

Jesus schickte ihn weg, aber nicht ohne ihm in aller Eindringlichkeit einzuschärfen: „Sag zu keinem Menschen etwas davon! Bring das Opfer dar, das Mose für den Fall der Heilung von Lepra vorschreibt, und zeige dich den Priestern. Erst dadurch wird deine Heilung bei allen anderen anerkannt werden."

Aber kaum war der Mann außer Hörweite, erzählte er jedem, den er traf, was passiert war. So verbreitete sich diese Neuigkeit in der ganzen Stadt. Die Folge war, dass Jesus sich von allen öffentlichen Plätzen fernhalten musste und sich nicht mehr frei in der Stadt bewegen konnte, denn immerhin hatte er einen Leprakranken berührt.

Aber die Leute fanden ihn trotzdem und kamen von überallher zu ihm.

Nach einigen Tagen kehrte Jesus nach Kafarnaum zurück, und sofort machte die Nachricht die Runde, dass er wieder zu Hause sei. Da versammelte sich erneut der halbe Ort. Die Leute drängten so sehr in den Eingang des Hauses hinein, dass man weder hinein noch hinaus konnte. Während Jesus predigte, wollten vier Männer einen Gelähmten zu ihm bringen. Doch sie kamen wegen der Menschenmenge überhaupt nicht in das Haus hinein. Da stiegen sie auf das Dach des Hauses, deckten es ein Stück ab und ließen dann den Gelähmten auf seiner Bahre durch das Loch hinab.

Jesus war von ihrem starken Glauben zwar beeindruckt, sagte dann aber etwas völlig Unerwartetes zu dem Gelähmten: „Mein Sohn, deine Sünden sind dir vergeben."

Einige Schriftgelehrten, die in unmittelbarer Nähe saßen, fühlten sich theologisch herausgefordert: „So etwas kann der doch nicht sagen! Das ist ja Gotteslästerung! Gott und nur Gott allein kann Sünden vergeben!"

Jesus wusste nur zu gut, was sie dachten, darum fragte er: „Warum könnt ihr euch auf nichts einlassen? Was ist einfacher: zu dem Gelähmten zu sagen: ‚Ich vergebe dir deine Sünden', oder ihn aufzufordern: ‚Steh auf, nimm deine Liege und geh hier herum'? Begreift doch, dass ich die Vollmacht habe, das eine wie das andere zu tun."

Damit wandte er sich wieder dem Gelähmten zu: „Steh auf, nimm deine Liege und geh nach Hause!"

Und der Mann tat genau das: Er stand auf, rollte seine Liege zusammen und ging hinaus – vor den Augen aller. Die Menge schwankte zwischen Entsetzen und Verwunderung – doch dann lobten sie Gott. Alle gaben zu: „Wir haben noch nie etwas Derartiges erlebt!"

Die Schriftgelehrten hatten ein großes Problem mit Jesus. Auf der einen Seite sagte er Dinge, die in ihren Augen theo-

logisch einfach falsch waren, auf der anderen Seite konnte niemand leugnen, dass er ganz außergewöhnliche Zeichen und Wunder vollbrachte. Sie fanden nur eine Erklärung: Er musste wohl mit dem Teufel im Bunde stehen.

Doch Jesus predigte und heilte unentwegt weiter. Egal, wohin er kam, es versammelte sich in kurzer Zeit eine große Menschenmenge, die ihm aufmerksam zuhörte.

Einmal musste Jesus seinen Jüngern sagen, sie sollten ein Boot bereithalten, damit er nicht von den Leuten erdrückt würde. Auch jetzt heilte er wieder viele Menschen, was jeden, der irgendein Leiden hatte, veranlasste, durch Drängen und Schieben so nah wie möglich an ihn heranzukommen, um ihn berühren zu können. Mitten im Gedränge konnte es auch passieren, dass in seiner Nähe böse Geister ihre Opfer zu Boden warfen und sie schreien ließen: „Du bist der Sohn Gottes!" Aber Jesus brachte sie zum Schweigen und verbot ihnen, in der Öffentlichkeit zu sagen, wer er sei.

Weil Jesus wusste, welche seltsamen Vorstellungen die Menschen von dem „Messias" hatten – die meisten sahen in ihm nur noch einen Befreier von der römischen Fremdherrschaft –, weigerte er sich, jede Art von Titel anzunehmen. Erst als ihn niemand mehr missverstehen konnte (im Verhör vor Pilatus), gab er zu, der König eines Reiches zu sein, das nicht von dieser Welt ist. Bis dahin wollte er den Menschen sagen, wer Gott für sie ist, und bei seinen Jüngern fing er damit an.

Am Ende eines Tages zog er sich auf einen nahe gelegenen Hügel zurück und nahm nur die mit, mit denen er auch in Zukunft enge Gemeinschaft haben wollte. So wählte er sich zwölf Männer aus, die er „Apostel" nannte. Diese Männer sollten mit ihm zusammenleben und von ihm lernen, damit er sie in die Welt senden konnte, um die Botschaft von der liebevollen Herrschaft Gottes zu verkünden. Auch wollte er ihnen Vollmacht über die Dämonen geben.

Mit seinen Jüngern zog Jesus weiterhin von einer Stadt zur anderen, von einem Dorf zum anderen. Überall predigte er und verbreitete so die Botschaft von der nahe gekommenen Herrschaft Gottes. Dabei begleiteten ihn die Zwölf. Es gab auch noch eine Reihe von Frauen in ihrer Gesellschaft, die von den verschiedensten Krankheiten und bösen Leiden geheilt worden waren: Maria, die sie Magdalena nannten, aus ihr waren sieben Dämonen ausgetrieben worden; dann Johanna, die Frau von Chuzas, einem Beamten von Herodes, sowie Susanna und viele andere, die ihre beachtlichen Mittel hergaben, um für die ganze Gruppe zu sorgen.

Kapitel 24
Mehr als ein Mensch?

Wer war Jesus wirklich? Was sagten sein Reden und seine Taten über ihn?

Die Pharisäer waren eine Bewegung von frommen Männern in Israel, die in einer ganz besonders strengen Weise nach allen Gesetzen und Vorschriften lebten, die sich im Laufe der Jahrhunderte „angesammelt" hatten. Sie waren der Überzeugung: Wenn ganz Israel auch nur einen Tag lang alle Gebote Gottes halten würde, dann käme der von Gott versprochene Messias. Kein Wunder, dass sie einen Lehrer wie Jesus nicht dulden konnten, der nicht pingelig genau jede ihrer Vorschriften und Gesetze einhielt. Zu oft saß er mit stadtbekannten Sündern an einem Tisch, was ihn in ihren Augen unrein machte. Und Jesus sprach von einem Gott, den die vielen Gesetze gar nicht zu kümmern scheinen …

Jesus fragte seine Zuhörer: „Was könnte euch denn helfen, die Herrschaft Gottes noch besser zu verstehen? Nehmen wir ein anderes Beispiel: ein Senfkorn. Es ist im Vergleich zu Getreidekörnern ausgesprochen winzig. Wenn es aber einmal in die Erde gesteckt wurde, wächst es zu einem Busch heran, der größer ist als alles, was sonst auf dem Feld wächst. Im Schatten seiner Zweige können sogar Vögel nisten."

Mit vielen Gleichnissen wie diesem brachte er den Menschen die Botschaft nah, und er war immer darauf bedacht, die Geschichten ihrer Erfahrung und Reife anzupassen. Es kam fast nie vor, dass er in der Öffentlichkeit redete, ohne ein Gleichnis zu gebrauchen. Wenn er aber mit seinen Jüngern allein war, ging er mit ihnen die Geschichten noch einmal durch und beantwortete ihre Fragen.

Die Pharisäer und die Schriftgelehrten waren über seinen Umgang, wie schon gesagt, ungehalten und machten ihrem Ärger oft Luft: „Der gibt sich mit stadtbekannten Sündern ab und isst sogar mit ihnen!"

Ihr Ärger veranlasste Jesus dazu, folgende Gleichnisse zu erzählen: „Stellt euch vor, einer von euch hätte hundert Schafe und würde plötzlich eines vermissen. Würde er nicht die neunundneunzig in der Wüste zurücklassen und so lange dem verlorenen nachgehen, bis er es gefunden hat? Und wenn er es gefunden hat, wird er es dann nicht voller Freude auf seine Schultern nehmen und nach Hause tragen? Sobald er dort angekommen ist, wird er mit Sicherheit alle seine Freunde und Nachbarn zusammenrufen und ihnen sagen: ‚Feiert mit mir, ich habe mein verlorenes Schaf wiedergefunden!'

Ihr könnt euch darauf verlassen: Auch im Himmel freut man sich mehr über einen Menschen, der sich von Gott finden lässt, als über neunundneunzig tugendhafte Leute, die davon überzeugt sind, dass sie nicht auf Gottes Erbarmen und seine Hilfe angewiesen sind."

Eines Tages erhob sich ein Schriftgelehrter, um Jesus mit seiner Frage in Verlegenheit zu bringen. „Rabbi, was muss ich tun, um ewiges Leben zu erhalten?"

„Was steht denn im Gesetz Gottes geschrieben? Was liest du denn da?", antwortete Jesus.

„Du sollst den Herrn, deinen Gott, mit deinem ganzen Herzen, mit deiner ganzen Seele, mit deiner ganzen Kraft und mit deinem ganzen Denken lieben und deinen Mitmenschen genauso, wie du dich selbst liebst", erwiderte sein Gegenüber.

„Das ist eine gute Antwort", sagte Jesus. „Wenn du das tust, wirst du leben."

Um sein Gesicht zu wahren, fragte der Schriftgelehrte weiter: „Und wer ist mit ‚Mitmensch' gemeint?"

Anstelle irgendeiner Erklärung erzählte ihm Jesus eine Geschichte: „Einmal reiste ein Mann von Jerusalem nach Jericho. Unterwegs wurde er von Straßenräubern überfallen. Sie nahmen seine Kleidung, schlugen ihn zusammen und verschwanden. Ihn selbst ließen sie halbtot liegen. Zum Glück kam ein Priester auf derselben Straße vorbei. Doch als er von Weitem erkannte, dass da ein Verletzter lag, verließ er die Straße und machte einen Umweg, um nicht an dem Mann vorbeizumüssen.

Dann tauchte auch noch ein Levit auf, an sich ein frommer Mann, doch auch er machte einen Bogen um den Verwundeten, um seine kultische Reinheit nicht zu verlieren.

Endlich kam noch jemand die Straße entlang: ein Mann aus Samaria (also jemand, der nicht wie ihr den ‚richtigen' Glauben hat). Als er sah, in welchem erbarmungswürdigen Zustand der Überfallene war, musste er ihm einfach helfen. Er behandelte zuerst seine Wunden, reinigte und verband sie. Dann hob er den Verletzten auf seinen Esel, brachte ihn zu einem Gasthof und sorgte dafür, dass er es gut hatte. Am nächsten Morgen nahm er zwei Silberstücke und gab sie dem Wirt mit den Worten: ‚Sorge gut für ihn. Sollte es noch mehr kosten, werde ich das begleichen, wenn ich auf dem Rückweg vorbeikomme.'

Was meinst du? Welcher von den dreien war für den, der von den Räubern angegriffen worden war, ein Mitmensch?"

„Der eine, der ihn so fürsorglich behandelt hat", antwortete der Schriftgelehrte.

Jesus entgegnete daraufhin: „Geh und mach es genauso!"

Jesus erzählte also durchaus viele Gleichnisse, aber nicht immer. Manchmal sprach er zu den Leuten auch Klartext. Eine solche „Predigt" hielt er einmal auf einem Hügel, als besonders viele Menschen ihn hören wollten.

„Ihr seid gesegnet, wenn ihr wisst, dass ihr wie Bettler vor Gott steht. Es ist das sicherste Zeichen, dass ihr unter seiner Herrschaft lebt.

Ihr seid gesegnet, wenn ihr in Leid und Traurigkeit daran festhaltet, dass Gott selbst einmal alle eure Tränen trocknen wird.

Ihr seid gesegnet, wenn ihr nicht versucht, lautstark und verbissen zu eurem Recht zu kommen. Gott wird euch mehr geben, als ihr jemals erstreiten könntet.

Ihr seid gesegnet, wenn ihr in euch einen großen Hunger nach Gott wachhaltet. Diese Sehnsucht geht nie ins Leere, denn Gott selbst will nichts mehr, als sie zu stillen.

Ihr seid gesegnet, wenn ihr im Umgang mit euch selbst

und anderen Erbarmen kennt. Gott möchte euch mit seinem Erbarmen überhäufen.

Ihr seid gesegnet, wenn ihr im Herzen aufrichtig und klar seid. Nur so könnt ihr Gott in allem entdecken.

Ihr seid gesegnet, wenn ihr den Menschen zeigt, wie man ohne Kampf und Streitigkeiten miteinander leben kann. Sie werden sehr schnell merken, zu welcher Familie ihr gehört.

Ihr seid gesegnet, wenn eure Hingabe an Gott euch Nachteile und sogar Verfolgung einbringt. Näher könnt ihr Gott nicht kommen.

Und nicht nur das. Haltet euch jedes Mal für gesegnet, wenn euch Leute niedermachen oder benachteiligen, wenn sie Lügen über euch verbreiten, um mich in Misskredit zu bringen.

Ihr werdet – so unwahrscheinlich sich das jetzt noch für euch anhören mag – in solchen Situationen eine ganz tiefe Freude empfinden, ja, regelrecht fröhlich sein. Und das ist erst der Anfang der Belohnung. Gott wird den Himmel weit für euch öffnen. Und denkt daran, dass ihr in bester Gesellschaft seid. Meine Propheten und Zeugen sind in allen Jahrhunderten drangsaliert worden."

Jesus lehrte seine Zuhörer auch ganz wichtige Dinge darüber, wie sie beten können.

„Das gilt auch für die Art und Weise, wie ihr eure Beziehung zu Gott nach außen hin darstellt. Macht daraus keine fromme Show. Manche Leute meinen, andere Menschen dadurch beeindrucken zu können, dass sie ihre Frömmigkeitsrituale in aller Öffentlichkeit praktizieren. Sie nehmen oft einige Mühen auf sich, nur weil es ihnen schmeichelt, dass die Leute sie achten. Eines aber ist sicher: Ihre Gebete werden den nicht erreichen, an den sie eigentlich gerichtet sind.

Hier ist das, was ich von euch erwarte: Sucht euch einen ruhigen, abgeschiedenen Ort, sodass ihr nicht in die Gefahr geratet, vor Gott irgendeine Rolle zu spielen. Seid lediglich vor ihm da, so einfach und ehrlich, wie es euch möglich ist. Eure Aufmerksamkeit wird sich von euch weg zu Gott hinbewegen und ihr werdet mehr und mehr seine Gnade erfahren.

Das bedeutet auch, dass ihr nicht versuchen solltet, Gott durch viele wortreiche Gebete zu beeinflussen. Das versuchen immer wieder Menschen, die von Gebet keine Ahnung haben.

Ihr wisst, dass ihr mit eurem Vater im Himmel redet, und der weiß besser als ihr selbst, was ihr braucht. Mit einem Gott, der euch liebt, könnt ihr sehr einfach sprechen. Etwa so:

Unser Vater im Himmel,
offenbare uns immer mehr, wer du bist.
Errichte deine Herrschaft in unserer Welt;
denn wo du herrschst, da ist der Himmel.
Versorge uns mit allem,
was wir Tag für Tag zum Leben brauchen.
Vergib uns, wo wir schuldig wurden,
so wie auch wir anderen vergeben haben.
Hilf uns, wenn wir einer Versuchung widerstehen müssen,
und sei bei uns im Kampf gegen das Böse.

Im Gebet gibt es eine Verbindung zwischen dem, was Gott tut, und dem, was ihr tut. Zum Beispiel könnt ihr keine Vergebung von Gott erfahren, wenn ihr selbst nicht bereit seid, anderen zu vergeben. Wenn ihr euch weigert, euren Teil beizutragen, dann verschließt ihr euch auch gegenüber dem, was Gott für euch tun könnte."

Als Jesus lebte, gab es ziemlich viele Leute, die oft nicht wussten, wie sie in der nächsten Zeit ihren Lebensunterhalt bestreiten sollten. Trotzdem oder gerade deswegen forderte Jesus die Menschen auf, sich keine Sorgen zu machen. An die Stelle eines solchen Lebens in Sorge sollte ein Leben des Vertrauens auf die Sorge des Vaters um jedes seiner Kinder treten.

„Wenn ihr euch für ein Leben mit Gott entschieden habt, dann wisst ihr ja bereits, was das alles an Gutem mit sich bringt: Ihr werdet euch nicht dauernd den Kopf darüber zerbrechen, ob euer Einkommen für alle Lebenshaltungskosten ausreicht und für das, was darüber hinaus noch angeschafft werden muss. Es gibt weitaus Wichtigeres im Leben als all das, was scheinbar so furchtbar notwendig ist.

Schaut euch die Spatzen an, die geradezu als Symbol für ein sorgloses Leben gelten könnten. Habt ihr nicht das Gefühl, dass Gott sich auch um sie sorgt, obwohl sie sich offensichtlich nicht abmühen, um ihr Dasein zu sichern? Wie viel mehr gilt das für euch, die ihr doch mehr Wert habt als alle Spatzen auf dieser Welt zusammen! Überlegt selbst: Kann jemand von euch allein dadurch, dass er sich Sorgen macht, sein Leben auch nur um ein paar Jahre verlängern? Ist nicht eher das Gegenteil der

Fall? Gott möchte nicht, dass ihr euer Leben durch unnötige Sorgen erschwert oder gar verkürzt.

Schaut euch doch einmal den Reichtum Gottes an, mit dem er euch umgibt! Aus der Nähe betrachtet, stellt selbst eine wild wachsende Lilie alles in den Schatten, was Menschen je an Schönheit und Pracht hervorgebracht haben.

Wenn Gott schon dem Äußeren einfacher Blumen so viel Aufmerksamkeit schenkt, Pflanzen, die heute blühen und morgen verwelkt sind, glaubt ihr nicht, dass er dann erst recht auf euch achtgibt und sich um euch sorgt?

Was ich hier versuche, ist nichts anderes, als euch dazu zu bringen, endlich eure Sorgen loszulassen, nicht ständig damit beschäftigt zu sein, irgendetwas zu bekommen, zu erreichen, zu werden. Menschen, die Gott nicht kennen, machen sich mit all dem Probleme.

Ihr aber kennt euren Vater im Himmel und wisst, wie sehr er euch liebt. Unterstellt euer Leben seiner liebevollen Herrschaft, alles andere überlasst seiner väterlichen Sorge. Ihr werdet herausfinden, dass an alle eure täglichen Bedürfnisse gedacht ist. Darum braucht und sollt ihr euch keine Sorgen machen. Es reichen schon die großen und kleinen Probleme, die ihr tagtäglich zu bewältigen habt."

Noch vieles versuchte Jesus an diesem Tag den Menschen zu sagen. Als es Abend geworden war, bestiegen er und seine Jünger ein Boot. Schon sehr bald sollten die Jünger am eigenen Leib erfahren, wie Jesus sich ein starkes Vertrauen gedacht hatte.

Es war bereits spät geworden, als Jesus zu ihnen sagte: „Lasst uns auf die andere Seite des Sees hinüberfahren." Er verabschiedete sich von der Menge am Ufer. Bald darauf legten er und seine Jünger ab, gefolgt von einigen anderen Booten.

Da kam ein gewaltiger Sturm auf. Die Wellen schlugen in das Boot und es drohte zu sinken. Jesus lag im Heck des Schiffes, den Kopf auf einem Kissen, und schlief.

Sie weckten ihn mit ihrem ängstlichen Geschrei: „Meister, kümmert es dich nicht, dass unser Schiff jeden Moment untergehen kann?"

Jesus stand auf und befahl dem Wind, er solle aufhören, und zum See sagte er nur: „Beruhige dich wieder!" Sofort legte sich der Wind und der See wurde glatt wie ein Spiegel.

Dann wandte sich Jesus seinen Jüngern zu: „Warum gebt ihr so schnell auf?! Was ist bloß los mit eurem Vertrauen?"

Die Jünger waren regelrecht erstarrt vor Staunen und Furcht. „Wer um alles in der Welt ist dieser Mann?", fragten sie sich. „Selbst der Wind und der See reagieren auf den leisesten Wink von ihm!"

Jesus konnte nicht nur dem Wind und den Wellen befehlen, er hatte Vollmacht über jede Krankheit und Behinderung, ja, selbst Tote wurden auf sein Wort hin wieder lebendig.

Aber er wollte, dass seine Jünger auch solche Erfahrungen machten. Darum schickte er sie zu zweit los, um zu predigen und Kranke zu heilen. Später kamen sie wieder zusammen ...

Die Apostel kamen schließlich zu Jesus zurück und erzählten von all dem, was sie getan und gelehrt hatten.

Jesus sagte zu ihnen: „Lasst uns einen einsamen Ort aufsuchen und ruht euch ein wenig aus." Denn es war ein ständiges Kommen und Gehen. Manchmal hatten sie nicht einmal Zeit zum Essen.

Darum stiegen sie in das Boot und legten ab, um zu einem entlegenen Ort zu fahren, an dem sie für sich sein könnten.

Doch irgendjemand sah sie abfahren und sofort verbreitete sich die Nachricht von Mund zu Mund. Von den umliegenden Städten kamen die Leute zu Fuß, viele rannten sogar und erreichten die Stelle noch vor Jesus und seinen Jüngern.

Als sich ihr Boot dem Ufer näherte, sah Jesus die große Menschenmenge. Da empfand er großes Erbarmen mit den Menschen, denn sie kamen ihm wie Schafe vor, die keinen Hirten hatten.

Und sofort begann er, mit ihnen über all das zu sprechen, was für ihr Leben mit Gott wichtig war. Darüber verging der Tag, und gegen Abend unterbrachen ihn die Jünger, weil sie sich Sorgen machten:

„Wir sind weit von allen Ortschaften entfernt, und es ist schon ziemlich spät. Sprich einen abschließenden Segen, und schick die Leute weg, damit sie sich in den umliegenden Höfen und Dörfern etwas zu essen kaufen können."

„Macht ihr es doch, besorgt ihr ihnen etwas zu essen", entgegnete Jesus.

Sie schauten ihn entgeistert an. „Ist das dein Ernst? Willst du wirklich, dass wir ein Vermögen ausgeben, um diese Leute hier satt zu machen?"

Doch Jesus war es wirklich ernst. „Wie viele Laibe Brot habt ihr dabei? Geht hin und seht nach!"

Das dauerte nicht allzu lange. „Fünf", sagten sie, „dazu noch zwei Fische."

Jesus befahl allen, sich in Gruppen zu fünfzig oder hundert Personen ins Gras zu setzen. Er nahm die fünf Laibe Brot und die zwei Fische, richtete im Gebet sein Gesicht zum Himmel, segnete das Brot, brach es und gab es seinen Jüngern.

Seine Jünger wiederum verteilten es an die Leute. Dasselbe tat er mit den Fischen. Alle aßen, bis sie satt waren. Als die Jünger die Reste einsammelten, füllten sie damit zwölf Körbe. Über fünftausend Männer hatten an dem Essen teilgenommen! Nachdem die Menschen mit Essen fertig waren, drängte Jesus seine Jünger, ins Boot zu steigen und nach Betsaida vorauszufahren, während er die Leute noch verabschiedete.

Nachdem er dies getan hatte, stieg Jesus auf einen Berg, um zu beten.

Spät in der Nacht war das Boot bereits weit draußen auf dem See. Jesus war immer noch an Land und konnte sehen, wie seine Jünger sich beim Rudern abplagten, denn sie hatten starken Gegenwind. Es war gegen vier Uhr morgens, als Jesus zu Fuß auf dem Wasser zu ihnen kam. Es sah so aus, als wollte er an ihnen vorübergehen. Als seine Jünger sahen, wie er über das Wasser ging, dachten sie, es handle sich um ein Gespenst, und waren starr vor Schreck.

Jesus beeilte sich, sie zu beruhigen: „Keine Panik, Leute! Ich bin es, ihr braucht keine Angst zu haben."

(Matthäus erzählt an dieser Stelle eine Begebenheit, die ein großartiges Beispiel für den rettenden Glauben an Jesu darstellt.)

Da wurde Petrus plötzlich mutig und rief: „Herr, wenn du es wirklich bist, dann sag, dass ich auf dem Wasser zu dir kommen soll."

„Na los, dann komm!", erwiderte Jesus darauf.

Petrus sprang über die Bordwand und ging auf Jesus zu. Aber als er auf die Wellen hinabsah, die unter seinen Füßen schäumten, bekam er Angst und begann zu sinken. Jetzt schrie er: „Herr, rette mich!"

Jesus zögerte keine Sekunde, er beugte sich nieder und ergriff seine Hand. „Du Glaubensheld, warum hast du nur plötzlich gezweifelt?", sagte er.

Beide kletterten in das Boot und sofort legte sich der Wind. Die Jünger, die das alles mit angesehen hatten, fielen vor Jesus auf die Knie und stammelten: „Das ist es! Kein Zweifel: Du bist Gottes Sohn."

Einige, die bei der wunderbaren Brotvermehrung dabei waren, tauchten natürlich auch bei anderen Gelegenheiten auf. Sie fanden es großartig, solche Wunder mitzuerleben, aber sie hatten nicht die geringste Absicht, auf das zu hören, was Jesus ihnen zu sagen hatte. Das Brot, das sie gegessen hatten, füllte nur ihren Magen. Jesus aber hatte etwas weitaus Besseres anzubieten: das Brot, das vom Himmel kam. Und das war niemand anderer als er selbst. Und schon zogen sich viele von ihm zurück, denn er hatte ja nichts anderes damit gesagt, als dass er, ein Mensch, vom Himmel gekommen sei, und das fanden viele gotteslästerlich.

Jesus sagte zu den Menschen sehr ernst: „Genauso, wie ich durch die Kraft lebe, die mir mein Vater gibt, der das Leben in sich hat und mich gesandt hat, so wird auch der durch mich leben, der mich zu seiner Nahrung gemacht hat. Das ist das Brot vom Himmel. Eure Vorfahren aßen das Manna und starben doch später. Wer aber dieses Brot isst, wird in Ewigkeit leben."

Danach verließ ihn eine große Zahl seiner Jünger und ging nicht mehr mit ihm. Daraufhin sprach Jesus auch die Zwölf direkt an: „Wollt ihr mich auch verlassen?"

„Rabbi, zu wem sollen wir denn gehen?", entgegnete Petrus. „Deine Worte sind voller Leben, ewigem Leben. Wir haben dir vertraut und sind überzeugt, dass du der Heilige Gottes bist."

„Habe ich euch Zwölf nicht ausgewählt?", erwiderte Jesus. „Und doch ist einer von euch ein Teufel!" Er meinte damit Judas, den Sohn von Simon Iskariot. Dieser Mann – einer von den Zwölfen! – sollte ihn eines Tages verraten.

Jesus war ein großer Lehrer, und viele seiner Lehren sind weiser als alles, was sich Menschen je über ein Leben mit Gott ausgedacht haben. Aber es war nicht sein einziger Auftrag für sein Leben auf dieser Erde. Die Menschen sollten erkennen, wer er wirklich ist, um dann irgendwie zu begreifen, was er um ihretwillen auf sich nahm.

Kapitel 25

Jesus, Sohn Gottes

*Das Größte, Wertvollste, Umstrittenste,
was man je über einen Menschen gesagt hat*

Einmal stellte Jesus seinen Aposteln eine interessante Frage: „Was sagen denn die Leute, wer ich sei?"

„Einige meinen, du seist Johannes der Täufer, andere halten dich für Elija, wieder andere glauben, du seist einer der großen Propheten."

Darauf fragte er sie: „Und ihr selbst – was sagt denn ihr über mich? Wer bin ich?"

„Du bist Christus, der Messias," gab Petrus zur Antwort.

Jesus schärfte ihnen ein, darüber Stillschweigen zu wahren.

Man merkt: Jesus wollte nicht, dass man ihm einfach einen Titel verpasste, der vollkommen missverständlich war. Darum schob er jeder oberflächlichen Begeisterung gleich einen Riegel vor:

Als er die Leute und seine Jünger zu sich rief, sagte er zu ihnen: „Jeder, der vorhat, sich mir anzuschließen, muss von sich selbst loskommen, denn es kann sein, dass es ihn viel, vielleicht sogar sein Leben kosten wird. Bleibt also nah bei mir. Wer glaubt, sein Leben selbst retten zu können, der wird es verlieren. Wer aber um meinetwillen und um der Frohen Botschaft willen sein Leben einsetzt, der wird es bewahren.

Was nützt es einem Menschen, wenn er alles gewinnt, was diese Welt zu bieten hat, dabei aber seelisch zugrunde geht? Gibt es irgendetwas, mit dem er seine verloren gegangene Seele zurückkaufen könnte?

Wenn einer von euch sich schämt, bei Menschen, die mich verachten, zu dem zu stehen, was ich gesagt habe, ja, mehr noch, wenn er leugnet, dass er mich überhaupt kennt, dann wird sich auch der Menschensohn, wenn er in der Herrlichkeit Gottes, seines Vaters, mit unzähligen heiligen Engeln kommt, schämen, ihn jemals gekannt zu haben."

Zu seinen Jüngern sagte er, wenn sie alleine waren, wie ernst sie diese Worte nehmen sollten. Denn schon bald würden dramatische Zeiten auf sie zukommen.

„Es ist notwendig, dass der Menschensohn durch Menschen viel erleiden wird; die Ältesten, Hohepriester und Schriftgelehrten werden ihn verurteilen, und am Ende wird er hingerichtet werden. Doch nach drei Tagen wird er lebendig auferstehen."

Die Jünger verstanden überhaupt nichts mehr, hatten aber Hemmungen, Jesus weiter zu fragen.

Die Jünger mussten völlig umdenken. Langsam merkten sie, dass Jesus überhaupt nicht der Messias war, wie sie ihn sich eigentlich vorgestellt hatten. Jesus war völlig unpolitisch, organisierte keine Widerstandsgruppe und machte keine Anstalten, seine Macht zu gebrauchen, um den Römern den Heimweg zu erleichtern. Jesus schien an nichts anderem interessiert zu sein als daran, dass die Beziehung jedes einzelnen Menschen zu Gott ins Reine kommt.

Aber auch die Schriftgelehrten und Pharisäer waren durch sein Verhalten völlig irritiert. Und das machte sie wütend. Seine Lehren rüttelten – wenn man sie ernst nahm – an den Fundamenten ihres herrlichen Religionsgebäudes aus unzähligen „Du musst" und „Du darfst nicht". Es gefiel ihnen so, weil sie die Menschheit damit problemlos in Sünder und Gerechte einteilen konnten. Darum sollte dieser Jesus endlich den Mund halten ...

Die jüdischen Behörden hatten bereits begonnen, nach ihm zu suchen, und fragten überall herum: „Wo ist denn dieser Jesus?"

Überall wurde über den Rabbi aus Galiläa diskutiert und gestritten. Einige sagten: „Er ist ein guter Mensch." Andere behaupteten: „Nein, er ist gefährlich, denn er verführt die breite Masse." Solche Gespräche fanden jedoch nur hinter vorgehaltener Hand statt, da man sich vor den führenden Männern des jüdischen Volkes fürchtete.

Als das Laubhüttenfest schon zur Hälfte vorüber war, erschien Jesus im Tempel und begann zu lehren. Die Juden waren beeindruckt, aber auch verwirrt: „Wie kann er so viel wissen, ohne entsprechend ausgebildet zu sein?"

Da fragten sich einige, die in Jerusalem wohnten: „Ist das nicht der, den sie umbringen wollen? Und jetzt steht er da und redet in aller Öffentlichkeit, und niemand hindert ihn daran?! Haben unsere führenden Männer vielleicht erkannt, dass er in der Tat der Messias ist? Nur, das kann nicht sein, denn wir wissen ja, woher der hier kommt. Beim Messias dagegen soll es doch so sein, dass er einfach auftaucht und dann niemand weiß, woher er kommt."

Jesus, der gerade im Tempel lehrte, antwortete darauf mit so lauter Stimme, dass sie auch noch die Reihe der Diskutierenden erreichte: „Ihr meint also, ihr wüsstet, wer ich bin und woher ich komme? Täuscht euch da nicht! Ich habe mir nicht selbst diesen Auftrag gegeben. Mein wirklicher Ursprung liegt in dem Einen, der mich gesandt hat, den ihr nicht kennt. Ich komme von ihm – darum kenne ich ihn. Er ist es, der mich hierher gesandt hat."

Am liebsten hätten sie ihn auf der Stelle festgenommen, doch niemand wagte es, Hand an ihn zu legen. Die Zeit für sein Leiden und Sterben war noch nicht gekommen. Viele aus der Menge kamen aber zum Glauben an Jesus, weil sie sich sagten: „Würde der Messias, wenn er kommt, mehr und größere Wunder tun können als dieser Mann hier?"

Jesus sprach nun ganz offen über sich: „Ich bin das Licht der Welt. Niemand, der mir nachfolgt, muss in der Dunkelheit herumirren, sondern sein ganzes Leben wird durch mich hell werden."

Sogleich warfen ihm die Pharisäer vor: „Das sind doch nichts als Worte. Wer sagt uns denn, dass das, was du ständig behauptest, wahr ist?"

„Es ist schon richtig, dass ihr nur mein Wort habt", erwiderte Jesus. „Aber ihr könnt euch darauf verlassen, dass es wahr ist. Ich weiß, woher ich gekommen bin und wohin ich schon bald wieder gehen werde. Ihr dagegen wisst nicht, woher ich komme und wohin ich gehe."

Während er darüber sprach, kamen viele Leute zu der Überzeugung, dass man Jesus vertrauen könnte. Diese Juden wurden jedoch schon bald durch ihn selbst herausgefordert: „Ihr seid erst dann wirklich meine Jünger, wenn ihr an dem festhaltet, was ich euch gesagt habe. Dann werdet ihr selbst die Wahrheit erfahren, und diese Wahrheit wird euch frei machen."

Einmal erreichte Jesus die Nachricht, dass sein Freund Lazarus im Sterben lag. Eigenartigerweise machte er sich erst einige Tage später auf den Weg, ihn aufzusuchen.
Doch da schien bereits alles zu spät zu sein ...

Als Jesus endlich in Betanien war, erfuhr er, dass Lazarus schon vier Tage in der Grabkammer lag. Betanien liegt etwa drei Kilometer von Jerusalem entfernt, und viele Juden besuchten Marta und Maria, um sie wegen des Todes ihres Bruders zu trösten.

Als Jesus sah, dass Maria weinte und auch die anwesenden Juden zutiefst traurig waren, stieg ein heiliger Zorn über die Macht des Todes in ihm auf. Er fragte: „Wohin habt ihr ihn gelegt?"

„Herr, kommt und seht!", sagten sie. Da weinte Jesus.

Die Juden sprachen untereinander: „Seht, wie lieb er ihn gehabt haben muss."

Andere unter ihnen meinten: „Also, wenn er ihn schon so gern gehabt hat, warum hat er dann nichts unternommen, um ihn vor dem Tod zu bewahren? Schließlich hat er ja auch die Augen eines blinden Mannes geöffnet."

Als Jesus die Grabkammer erreichte, erfasste ihn erneut dieser tiefe Zorn. Das Grab war eine einfache Steinhöhle, deren Eingang mit einer Steinplatte verschlossen war.

„Nehmt den Stein weg!", ordnete Jesus an.

Marta, die Schwester des Toten, sagte zu Jesus: „Herr, es hat doch keinen Zweck, es riecht doch schon nach Verwesung. Immerhin liegt er schon vier Tage im Grab."

Jesus sah sie an. „Habe ich dir nicht gesagt, dass du die Herrlichkeit Gottes sehen wirst, wenn du nur glaubst?"

In diesem Augenblick hatten sie den Stein vom Eingang weggeschafft. Da blickte Jesus zum Himmel auf und betete: „Vater, ich danke dir, dass du mich erhört hast. Ich weiß, du erhörst mich jederzeit, aber um der Menschen willen habe ich es ganz bewusst gesagt, damit sie erkennen können, dass du mich gesandt hast."

Dann rief er mit lauter Stimme: „Lazarus, komm heraus!"

Und er kam heraus, immer noch wie eine Leiche von Kopf bis Fuß in Tücher gewickelt und mit einem Schweißtuch über seinem Gesicht.

Jesus musste den Umstehenden sagen: „Befreit ihn von den Tüchern, damit er gehen kann!"

Viele der Juden, die bei Maria gewesen waren und gesehen hatten, was Jesus getan hatte, kamen zum Glauben an ihn.

Doch andere gingen zurück zu den Pharisäern und erzählten diesen alles, was sich in Betanien ereignet hatte. Daraufhin beriefen die Obersten Priester und Pharisäer eine Sitzung des Hohen Rates ein.

„Was sollen wir jetzt tun?", fragten sie sich. „Dieser Mann hört nicht auf, Dinge zu tun, die wie Zeichen Gottes aussehen. Wenn wir ihn so weitermachen lassen, wird es nicht lange dauern, und jeder wird an ihn glauben. Dann werden die Römer kommen und uns die heiligen Stätten wegnehmen – und mit ihnen auch das Volk."

Die religiösen Führer in Jerusalem waren entschlossen, Jesus aus dem Weg zu räumen. Da das Passafest (übrigens das höchste Fest im jüdischen Kalender) vor der Tür stand, hofften sie, dass Jesus es in Jerusalem feiern würde. Dann musste es nur noch eine Gelegenheit geben, um ihn festzunehmen. Obwohl Jesus wusste, was ihm bevorstand, ging er nach Jerusalem.

Die Menschen brachten Kinder zu Jesus, in der Hoffnung, dass er sie segnen würde, doch sie wurden von den Jüngern Jesu grob abgewiesen. Dieser hatte die Szene beobachtet und wies nun seinerseits die Jünger zurecht: „Kinder können zu jeder Zeit zu mir kommen. Drängt euch niemals zwischen sie und mich, denn sie stehen im Mittelpunkt des Reiches Gottes. Merkt es euch: Wer die Herrschaft Gottes nicht annimmt wie ein Kind, der wird sie nie erfahren." Dann nahm er die Kinder in seine Arme, legte ihnen die Hände auf und segnete sie.

Das jüdische Passafest rückte näher. Damit begann auch der Strom von Pilgern aus dem Land zu fließen, die alle nach Jerusalem wollten, um sich unter anderem auch von ihrer Sündenlast befreien zu lassen. Darüber hinaus wollten sie unbedingt diesen Jesus sehen.

Überall, wo Menschen in den Tempelhöfen zusammenstanden, sprach man von ihm: „Was meint ihr? Glaubt ihr, dass er zum Fest erscheinen wird oder nicht?"

Unterdessen hatten aber die Hohepriester und Pharisäer eine Anordnung in Umlauf gebracht, dass jeder, der seinen jetzigen Aufenthaltsort kannte, sie darüber in Kenntnis zu setzen hatte. Sie waren entschlossen, ihn umgehend festzunehmen.

Auch Jesus war entschlossen, in seiner Stadt zu zeigen, in welcher Absicht er gekommen war. Um an ein altes prophetisches Bild anzuknüpfen (Sacharja 9,9), schickte er zwei seiner Jünger mit einem besonderen Auftrag voraus ...

„Geht zu dem Dorf direkt vor euch. Sobald ihr hineinkommt, werdet ihr einen jungen Esel sehen, der angebunden ist und den noch niemand geritten hat. Bindet ihn los, und bringt ihn mit. Falls euch jemand fragt, was ihr da macht, sagt ihm einfach: ‚Der Meister braucht ihn, und er wird ihn euch so bald wie möglich zurückgeben.'"

Sie gingen los, fanden tatsächlich in einer Straße einen jungen Esel an einer Tür angebunden und machten ihn los. Jemand, der in der Nähe stand, fragte: „Was macht ihr da? Warum bindet ihr den Esel los?"

Die Jünger gaben ihm das zur Antwort, was Jesus ihnen aufgetragen hatte, und die Leute waren einverstanden. Sie brachten den Esel zu Jesus, dann legten sie ihre Oberkleider darüber, und Jesus setzte sich darauf.

Die Menschen bereiteten ihm einen großartigen Empfang: Manche legten ihre Mäntel auf die Straße, andere streuten Zweige und Blumen, die sie von den Feldern geholt hatten.

Vor ihm und hinter ihm liefen die Menschen und riefen laut: „Hosanna!"

„Gesegnet, der im Namen Gottes kommt!"

„Gesegnet sei das kommende Königreich unseres Vaters David!"

„Hosanna in den höchsten Himmeln!"

Als sie so in Jerusalem einzogen, war die ganze Stadt in heller Aufregung. Gereizt fragten die Menschen: „Was soll das Ganze? Wer ist denn der da?"

Die Menge, die mit Jesus zog, antwortete: „Das ist der Prophet Jesus, der aus Nazaret in Galiläa kommt."

Während der Passawoche sprach Jesus immer wieder über das, was in den nächsten Tagen auf ihn zukommen würde. Obwohl er Gott war, war er doch auch ganz Mensch und sträubte sich gegen das, was ihn erwartete.

„In diesem Augenblick bin ich aufgewühlt und erschüttert. Was soll ich noch sagen? ‚Vater, hole mich aus dem Ganzen heraus'? Nein, genau deswegen bin ich ja in diese Welt gekommen. Ich werde sagen: ‚Vater, ich möchte nur, dass du in all dem verherrlicht wirst.'"

Da kam eine Stimme vom Himmel: „Und ich will, dass du von allen Menschen von ganzem Herzen verehrt wirst – ich werde selbst mehr denn je dafür sorgen."

Die Menschen, die dies gehört hatten, sagten sich: „Es hat gedonnert."

Andere meinten: „Ein Engel hat zu ihm gesprochen."

Jesus erklärte jedoch: „Die Stimme kam nicht meinetwegen, sondern euretwegen. In diesem Augenblick wird über diese Welt Gericht gehalten. Jetzt wird Satan, der versucht hat, die Welt zu beherrschen, hinausgeworfen. Und ich werde, sobald man mich von der Erde erhöht hat, alle zu mir ziehen." Hier deutete Jesus an, auf welche Weise er sterben würde.

Doch jetzt musste Jesus aufhören zu reden. Er zog sich zurück und verbarg sich vor den verantwortlichen Juden. Nichts von all den Zeichen und Wundern, die er vor ihren Augen vollbracht hatte, konnte sie umstimmen. Sie glaubten ihm einfach nicht.

Doch es gab auch Ausnahmen: Eine ganze Reihe führender Juden kam in dieser Zeit zum Glauben an Jesus. Aber wegen der Pharisäer zeigten sie dies nicht offen, denn sie hatten Angst, aus der Synagoge ausgestoßen zu werden. Letztlich war ihnen die Anerkennung der Menschen doch wichtiger, als bei Gott anerkannt zu sein.

Ein letztes Mal erschien Jesus in der Öffentlichkeit und sprach klar und deutlich über sich selbst und seine einzigartige Beziehung zum Vater: „Wer immer an mich glaubt, glaubt nicht an mich, sondern an den, der mich gesandt hat.

Ich bin das Licht, das in die Welt kommen sollte, damit alle, die an mich glauben, nicht länger im Dunkeln herumirren müssen.

Wenn jemand hört, was ich sage, und es nicht ernst nimmt, werde ich ihn deswegen nicht verurteilen. Denn ich bin nicht gekommen, um die Menschen vor meinen Richterstuhl zu stellen, sondern um sie aus allem Unheil herauszuholen. Aber ihr müsst wissen: Wer immer mich ablehnt und sich weigert, das anzunehmen, was ich sage, verurteilt sich selbst schon, bevor er vor den Richter tritt. Vor ihm wird er sich am letzten aller Tage verantworten müssen. An den Worten, die ich zu euch gesprochen habe, werdet ihr gemessen werden. Denn ich habe mir nichts selbst ausgedacht. Der Vater, der mich gesandt hat, trug mir auf, was ich sagen und wie ich es sagen soll.

Mir war immer bewusst, dass all das, was ich euch mitteilen sollte, mit dem ewigen Leben zu tun hat. Um es noch einmal zu betonen: Ich habe an euch nur das weitergegeben, was ich von meinem Vater gehört habe."

Es waren noch zwei Tage bis zur achttägigen Festzeit des Passa und der ungesäuerten Brote. Die Hohepriester und die Schriftgelehrten suchten nach einer Möglichkeit, wie sie Jesus heimlich ergreifen und umbringen könnten. Sie waren sich allerdings einig, dass man während des Passafestes lieber nichts unternehmen sollte, um die leicht erregbare Menschenmenge nicht zu provozieren.

Die Verantwortlichen waren wild entschlossen, Jesus umzubringen, sie mussten nur noch eine passende Gelegenheit finden, ihn ohne großes Aufsehen gefangen zu nehmen. Einer der Jünger Jesu half ihnen, das Problem zu lösen. Vielleicht war es seine Enttäuschung darüber, dass Jesus kein Messias war, wie er ihn sich vorgestellt hat, vielleicht wollte er ihn durch diesen Verrat auch nur zwingen, endlich seine Macht zu zeigen. Wir wissen es nicht. Wir wissen nur, dass er tatsächlich Jesus an seine erbitterten Gegner auslieferte.

Judas, der auch Iskariot genannt wurde, traf sich mit den Obersten Priestern und der Tempelgarde, um mit ihnen darüber zu verhandeln, wie er ihnen Jesus am besten in die Hände spielen könnte. Sie konnten ihr Glück kaum fassen und versprachen, ihn gut dafür zu entlohnen.

Er gab ihnen sein Wort und begann von da an, nach einer Möglichkeit Ausschau zu halten, wie er ihnen Jesus ausliefern könnte, fernab von der Menge, die ihn ständig umringte.

Kapitel 26
Dunkelheit und Entsetzen

Die schwärzesten Stunden der Menschheitsgeschichte

Am ersten der „Tage der ungesäuerten Brote", dem Tag, an dem man gewöhnlich das Passamahl vorbereitete, fragten die Jünger Jesus: „Wo möchtest du gern das Passamahl feiern? Wir wollen schon mal hingehen und alles vorbereiten."

Er gab zwei Jüngern folgende Anweisung: „Geht in die Stadt. Dort wird euch ein Mann auffallen, der einen Wasserkrug trägt. Folgt ihm. Sobald er in ein Haus eingetreten ist, sagt dem Besitzer dieses Hauses: ‚Der Rabbi möchte wissen, wo der Gastraum ist, in dem er mit seinen Jüngern das Passamahl feiern kann.' Er wird euch einen großen Raum im zweiten Stock zeigen, der mit Polstern ausgelegt und für das Passamahl hergerichtet ist. Dort könnt ihr für uns alles vorbereiten."

Die Jünger verließen ihn, gingen in die Stadt und fanden alles ganz genau so vor, wie er es ihnen gesagt hatte. Deshalb bereiteten sie dort das Passamahl vor. Nach Sonnenuntergang traf auch Jesus mit den zwölf Jüngern ein.

Während die Jünger das Passamahl aßen, musste Jesus an das denken, was in wenigen Stunden auf ihn zukommen würde. In diesem für ihn so wichtigen Moment vertraute er seinen Jüngern etwas ganz Besonderes an.

Während des Mahles nahm Jesus das Brot und segnete es, dann brach er es und gab es an seine Jünger weiter: „Nehmt, esst, das ist mein Leib."

Dann nahm er den Kelch, dankte Gott, gab ihn an sie weiter: „Trinkt alle davon. Das ist mein Blut, Gottes neuer Bund, für viele Menschen vergossen zur Vergebung der Sünden. Ich werde keinen Wein mehr trinken bis zu dem Tag, an dem ich ihn auf ganz neue Weise mit euch trinken werde im Reich meines Vaters."

Doch jetzt musste Jesus an das Schriftwort denken: „Einer, der mit mir zusammen am Tisch isst, ist zu meinem Todfeind geworden." Er stand kurz davor, die Fassung zu verlieren, denn er wusste um das Ungeheuerliche, das sich mitten unter seinen engsten Freunden anbahnte: „Einer von euch ist dabei, mich zu verraten."

Die Jünger schauten sich an und konnten nicht begreifen, wovon er sprach. Einer der Jünger, und zwar der, den Jesus besonders lieb hatte, legte seinen Kopf an seine Schulter. Petrus gab ihm durch einen Wink zu verstehen, Jesus zu fragen, wen er gemeint haben könnte.

Also fragte der Jünger ihn direkt: „Herr, wer ist es?"

„Der, dem ich das Stück Brot reiche, nachdem ich es eingetaucht habe", antwortete Jesus. Dann tauchte er das Stück Brot ein und reichte es Judas, dem Sohn von Simon Iskariot.

Dieser nahm das Stück noch an, wurde aber dann von seinen bösen Gedanken überwältigt.

„Tu endlich, was du dir vorgenommen hast!", sagte Jesus zu ihm.

Keiner der am Tisch Sitzenden verstand, was er damit gemeint haben könnte. Einige dachten, er habe Judas nur einen Auftrag gegeben, weil dieser ja ihre Kasse verwaltete. Vielleicht sollte er noch etwas für die Festtage besorgen oder irgendwelchen armen Leuten etwas geben.

Da aß Judas das Stück Brot und ging sofort hinaus. Es war Nacht.

Nachdem Judas gegangen war, fand Jesus kostbare und tröstende Worte für die vollkommen aufgelöste Gruppe seiner Jünger:

„Lasst euch von all dem nicht in Angst und Schrecken versetzen. Ihr vertraut doch auf Gott, oder nicht? Dann setzt euer ganzes Vertrauen auch auf mich. Im Hause meines Vaters sind viele Wohnungen. Wenn es nicht so wäre, wie hätte ich euch dann sagen können, dass ich schon einmal vorausgehe, um euer zukünftiges Zuhause vorzubereiten? Ja, ich gehe, um genau das zu tun. Dann aber werde ich zurückkommen und euch zu mir holen, damit auch ihr dort seid, wo ich lebe. Gut, dass ihr den Weg schon kennt, den ich euch vorausgehe."

Thomas schüttelte den Kopf. „Herr, wir haben nicht die geringste Vorstellung, wohin du überhaupt gehst. Wie kannst du dann von uns erwarten, dass wir den Weg kennen?"

„Ich bin der Weg und die Wahrheit und das Leben. Niemand kommt zum Vater außer durch mich", gab Jesus ihm zur Antwort. „Sobald ihr wirklich erkannt habt, wer ich bin, werdet ihr auch wissen, wer der Vater ist.

Von jetzt an kennt ihr ihn. Ja, ihr habt ihn mit eigenen Augen gesehen!"

Philippus sprach aus, was alle dachten: „Herr, wir wollen nur das eine: Zeige uns den Vater."

„Jetzt bin ich schon so lange bei euch und du, Philippus, kennst mich immer noch nicht? Wer mich sieht, sieht den Vater. Glaubst du nicht, dass ich im Vater bin und der Vater in mir ist? All das, was ich euch beizubringen versuche, habe ich mir nicht selbst ausgedacht. Nein, der Vater, der in mir wohnt, spricht und handelt durch mich. Glaubt mir, ich bin in meinem Vater und der Vater ist in mir. Wenn es euch schwerfällt, das zu glauben, dann erinnert euch doch an all das, was ich vor euren Augen getan habe. Und das ist ja erst der Anfang.

Ein Mensch, der mir vertraut, wird nicht nur das tun, was ich getan habe, er wird sogar noch größere Dinge tun, denn ich bin bereits auf meinem Weg zum Vater. Ihr könnt von jetzt an darauf vertrauen: Ganz gleich, worum ihr in meinem Namen bitten werdet, ich werde es tun, denn dadurch wird die Herrlichkeit des Vaters im Sohn aufleuchten.

Ich sage es bewusst noch einmal: Worum auch immer ihr in meinem Namen bittet, das werde ich tun. Was aber bedeutet ‚in meinem Namen'?

Wenn ihr in einer liebevollen Beziehung zu mir steht, dann werdet ihr mit gespannter Aufmerksamkeit auf all das achten, was mir wichtig ist und was ich euch auftragen werde. Worum ihr dann bittet, das geschieht dann wirklich in meinem Namen."

Jesus versuchte, seine Jünger auf das vorzubereiten, was nun passieren würde. Er sagte voraus, sie würden alle eine solche Angst bekommen, dass sie fliehen werden. Doch einer seiner Jünger, Petrus, fühlte sich stark genug, um mit Jesus alles durchzustehen.

Da unterbrach ihn Petrus: „Und wenn jeder sich von dir absetzt, weil alles zusammenbricht, ich werde zu dir stehen!"

„Sei dir da nicht so sicher!", entgegnete Jesus ihm. „Noch in dieser Nacht, bevor der Hahn kräht, wirst du dreimal behauptet haben, mich nicht zu kennen."

Petrus protestierte: „Selbst wenn ich mit dir sterben müsste, ich werde dich niemals verleugnen." Auch alle anderen gaben ähnliche Treueschwüre von sich.

Darauf ging Jesus mit seinen Jüngern zu einem Garten, den man Getsemani nannte, und er sagte zu ihnen: „Bleibt hier, während ich dort hinübergehe und bete."

Er nahm Petrus sowie Johannes und Jakobus mit sich, die beiden Söhne von Zebedäus. Da brach die ganze Not und Angst mit aller Gewalt über ihn herein. Er gestand ihnen: „Diese Todesangst drückt mich zu Boden. Wartet hier und bleibt mit mir wach."

Er selbst ging ein Stück weiter, warf sich auf die Erde und betete:

„Mein Vater, wenn es irgendeine Möglichkeit gibt, dann hol mich hier aus alldem heraus, denn ich habe schreckliche Angst. Doch es soll das geschehen, was du willst, nicht das, was ich jetzt möchte."

Er kam zurück zu seinen Jüngern und fand die drei fest eingeschlafen vor.

„Simon, kannst du nicht eine einzige Stunde mit mir durchhalten?", sprach er Petrus an. „Bleibt wach, betet, damit ihr in den kommenden Prüfungen bestehen könnt.

Ich weiß, dass ihr es ernst meint, aber eure Kräfte sind nur allzu schnell erschöpft."

Erneut entfernte er sich einige Schritte, um wieder auf die Knie zu gehen: „Mein Vater, wenn es keinen anderen Weg gibt als diesen, nämlich den Kelch bis zur Neige auszutrinken, will ich bereit sein, denn das, was du willst, soll geschehen und nicht das, was ich will."

Auf einmal war ein Engel des Himmels an seiner Seite und gab ihm neue Kraft. Doch wenig später überfiel Jesus regelrechte Todesangst. Er betete noch verzweifelter. Wie Blut flossen die Schweißtropfen an ihm herab und fielen zur Erde.

Als er zurückkam, fand er die drei genauso tief eingeschlafen vor wie beim ersten Mal. Sie konnten ihre Augen einfach nicht offen halten. Dieses Mal ließ er sie weiterschlafen und ging ein drittes Mal weg, um zu beten.

Als er danach zurückkam, sagte er: „Schlaft ruhig weiter und ruht euch aus! Meine Zeit ist da. Der Menschensohn wird nun in die Hände der Heiden ausgeliefert. Steht auf, wir wollen gehen. Mein Verräter ist bereits angekommen."

Kaum hatte er das gesagt, da tauchte auch schon Judas auf und mit ihm eine Bande von Schlägern, die von den Hohepriestern, Schriftgelehrten und Ältesten geschickt worden war. Alle fuchtelten wild mit ihren Schwertern und Knüppeln herum.

Da Jesus wusste, was von jetzt an auf ihn zukommen würde, trat er der Schlägertruppe entgegen.

Er fragte sie direkt: „Wen sucht ihr?"

„Jesus aus Nazaret", entgegneten sie.

Darauf erwiderte er: „Ich bin es." Judas, der ihn verraten wollte, stand bei ihnen. Doch auch ihn packte der

Schrecken über die Autorität, mit der Jesus ihnen entgegentrat. Alle wichen unwillkürlich zurück, stolperten und fielen rücklings zu Boden.

Jesus fragte noch einmal: „Wen sucht ihr?"

Aus dem verstörten Haufen kam die Antwort: „Jesus aus Nazaret."

„Ich habe euch doch gesagt, dass ich es bin", sagte Jesus darauf, „wenn ihr also mich sucht, dann lasst die anderen gehen."

Das bestätigte, was er dem Vater noch kurz zuvor in seinem Gebet gesagt hatte: „Und es ist tatsächlich niemand verloren gegangen."

In diesem Augenblick zog Simon Petrus das Schwert, das er bei sich trug, und schlug einem der Diener der Obersten Priester das rechte Ohr ab. Der Name des Dieners war Malchus.

„Steck dein Schwert weg!", befahl ihm Jesus. „Soll ich vielleicht nicht zu Ende führen, was mein Vater mit mir begonnen hat?!"

Und er berührte das Ohr des Dieners und heilte es.

Jesus wusste, dass jetzt alles, was passierte, von den Propheten vorausgesagt worden war. Darum leistete er keinen Widerstand mehr, als die Soldaten ihn festnahmen. Seine Jünger hatten inzwischen die Flucht ergriffen, so wie es Jesus vorausgesagt hatte.

Die Soldaten packten Jesus und brachten ihn vor das Tribunal, das der Hohepriester noch in der Nacht einberufen hatte. Petrus war der Gruppe in gehörigem Abstand gefolgt. Er wollte unbedingt wissen, was weiter geschehen würde.

Es war kalt, und so hatte man in der Mitte des Gerichtshofes ein Feuer angezündet, um sich ein wenig zu wärmen. Auch Petrus setzte sich in ihren Kreis.

Eines der Dienstmädchen, die mit am Feuer saßen, bemerkte ihn und – nachdem sie ihn genauer gemustert hatte – sagte sie: „Dieser Mann war auch bei ihm."

Er leugnete es: „Gute Frau, ich kenne ihn ja nicht einmal."

Kurze Zeit später fiel er einem anderen auf, der ihn ansprach: „Du bist doch auch einer von denen da?!"

Doch Petrus stritt es erneut ab: „Mann, du verwechselst mich mit jemandem!"

Ungefähr eine Stunde später meldete sich ein anderer zu Wort und behauptete mit Bestimmtheit: „Kein Zweifel, der ist einer von denen! Der ist ja Galiläer."

Petrus wehrte sich verzweifelt: „Mann, ich weiß nicht, wovon ihr überhaupt redet." Genau in diesem Augenblick, kaum dass er das letzte Wort ausgesprochen hatte, krähte ein Hahn.

Da drehte Jesus sich um und sah Petrus an. Nun erinnerte dieser sich an das, was der Herr ihm gesagt hatte: „Bevor der Hahn kräht, wirst du dreimal behauptet haben, mich nicht zu kennen." Er ging hinaus in die Nacht und weinte hemmungslos.

Beim ersten Tageslicht traf sich der Hohepriester mit den Ältesten und beschloss offiziell, Jesus hinrichten zu lassen. Sie ließen Jesus Fesseln anlegen und überführten ihn zum Palast des Pilatus, dem römischen Gouverneur.

Obwohl er kein Verbrechen feststellen konnte, das eine Bestrafung von Jesus rechtfertigte, ließ er ihn auspeitschen, um die mittlerweile aufgebrachte Menge zufrieden zu stel-

len. Schließlich führte eine römische Geißelung alleine oft schon zu einem qualvollen Tod.

Doch den religiösen Führern war das noch nicht genug. Sie stachelten das Volk auf, für Jesus den Tod am Kreuz zu fordern.

Nach der Geißelung flochten die Soldaten aus Dorngestrüpp eine Art Krone und drückten sie Jesus auf den Kopf. Auch warfen sie ihm einen alten roten Mantel um und näherten sich ihm mit Rufen wie: „Sei gegrüßt, oh König der Juden!" Dabei schlugen sie ihm ins Gesicht.

Pilatus ging erneut hinaus und sagte zu der Menge: „Ich bringe ihn jetzt noch mal heraus, aber ich will, dass ihr eines wisst: Ich halte ihn für keines Verbrechens schuldig."

In diesem Augenblick wurde Jesus herausgeführt. Er trug die Dornenkrone und den roten Mantel. Pilatus zeigte zu ihm hinüber. „Seht euch doch diesen Menschen an!"

Als die Hohepriester und ihre Diener ihn sahen, schrien sie außer sich: „Kreuzigt ihn! Kreuzigt ihn!"

Pilatus erwiderte: „Dann nehmt doch ihr ihn und kreuzigt ihn. Ich finde keinen Grund, ihn zu verurteilen."

Die Juden entgegneten darauf: „Wir haben ein Gesetz, und nach diesem muss er sterben, denn er hat behauptet, er sei der Sohn Gottes."

Immer mehr setzten die führenden Männer Pilatus unter Druck, bis er schließlich ihrer Forderung nachgab und Jesus zur Kreuzigung abführen ließ.

Auf dem Weg zur Hinrichtungsstätte zwangen sie einen Mann, der aus Zyrene stammte und Simon hieß, Jesus den Kreuzbalken nachzutragen, weil dieser durch die Misshandlungen einfach nicht mehr genug Kraft hatte.

Mit ihm wurden noch zwei Verbrecher zur Exekution hinausgeführt. Als sie den Ort erreichten, den man „Schädelhügel" nennt, kreuzigten sie ihn zusammen mit den Verbrechern – einen rechts, den anderen links von ihm. Über ihm wurde eine Hinweistafel angebracht: „Das ist der König der Juden."

Jesus betete: „Vater, vergib ihnen, denn sie wissen nicht, was sie tun."

Die Soldaten teilten seine Kleidung unter sich auf, um das Hauptgewand würfelten sie.

Die Menschen standen herum und gafften, die Verantwortlichen aber hörten nicht auf, ihn zu verspotten: „Andere hat er gerettet, mal sehen, ob er sich selbst helfen kann! Und so etwas will der Messias Gottes sein, der Auserwählte!"

Auch die Soldaten hatten nichts Besseres zu tun, als ihre Späße mit ihm zu treiben. Sie reichten ihm mit Wasser verdünnten Essig und prosteten ihm zu: „Bist du nicht der König der Juden?! Na, dann rette dich mal!"

Selbst einer der Verbrecher, die neben ihm hingen, spottete genauso: „He, du Messias! Komm schon, hilf dir selbst und uns!"

Doch der andere fuhr ihm über den Mund: „Fürchtest du Gott denn überhaupt nicht? Du erleidest das Gleiche wie wir alle, nur mit dem einen großen Unterschied: Wir haben es verdient, er aber nicht! Er hat nicht das Geringste getan."

Dann fügte er an Jesus gewandt hinzu: „Jesus, bitte denk an mich, wenn du in dein Reich kommst."

Jesus entgegnete: „Verlass dich darauf: Noch heute wirst du mit mir zusammen im Paradies sein."

Für lange, qualvolle Stunden hing Jesus so am Kreuz. Man hatte nicht nur dicke Nägel durch seine Handgelenke und Füße geschlagen, er bekam immer weniger Luft. Es war ein langsamer Erstickungstod, das Grausamste, was sich Menschen je ausgedacht haben.

Von Mittag bis etwa drei Uhr wurde es auf der ganzen Erde finster. Diese ungewöhnliche Finsternis dauerte drei Stunden.

Gegen drei Uhr stöhnte Jesus aus tiefstem Inneren auf und schrie laut: „*Eloi, Eloi, lema sabachtani?*" Was so viel bedeutet wie: „Mein Gott, mein Gott, warum hast du mich verlassen?!"

Jesus aber sah, dass alles vollendet war, darum sagte er, damit sich auch das letzte Wort der Heiligen Schrift noch erfüllte: „Ich habe Durst."

In der Nähe stand ein Krug mit saurem Wein. Irgendjemand steckte einen Schwamm, der mit dem sauren Wein vollgesogen war, auf einen langen Stab und hielt ihn an seinen Mund.

Nachdem er etwas von der Flüssigkeit genommen hatte, sagte Jesus: „Es ist vollbracht." Dann neigte sich sein Kopf, und er starb.

In diesem Augenblick zerriss im Tempel der Vorhang vor dem Allerheiligsten von oben bis unten. Es gab ein Erdbeben, und Felsen zerbrachen in Stücke. Und es geschah noch mehr: Gräber öffneten sich, und viele Gläubige, die schon entschlafen waren, erhoben sich aus ihren Gräbern. (Nach der Auferstehung Jesu verließen sie ihre Grabstätten, gingen in die Heilige Stadt und erschienen zahlreichen Personen.)

Als der römische Offizier und seine Leute das Erdbeben

und alles andere sahen, was sich ereignete, waren sie zu Tode erschrocken. Sie stammelten: „Er muss ein Sohn eines Gottes gewesen sein!"

Auch die übrigen Zuschauer waren sehr betroffen, viele schlugen sich als Zeichen der Trauer an die Brust. Langsam gingen sie nach Hause. Doch alle, die Jesus gut gekannt hatten, standen bei den Frauen zusammen, die ihm aus Galiläa gefolgt waren, und beobachteten alles aus einiger Entfernung.

Kapitel 27

Die Auferstehung Jesu

In dieser Nacht hat der Tod für immer verloren

Jesus war tot, und alle, die ihm nachgefolgt waren, trauerten unbeschreiblich. Sie hatten völlig vergessen, dass Jesus ihnen gesagt hatte, er würde nicht für immer tot bleiben. Zunächst nahmen zwei angesehene Bürger – die ihm im Verborgenen nachgefolgt waren – ihn vom Kreuz ab und legten ihn in eine frisch ausgeschlagene Grabhöhle. Dann rollten sie einen großen Wälzstein vor die Graböffnung.

Doch die jüdischen Führer hatten mitbekommen, dass Jesus vorausgesagt hatte, er würde nach drei Tagen wiederkommen. Darum ließen sie Wachen aufstellen und das Grab versiegeln, damit die Jünger den Leichnam nicht stehlen konnten, um dann zu behaupten, Jesus sei wieder am Leben. Keiner konnte sich in irgendeiner Weise vorstellen, dass Jesus nach diesem schrecklichen Tod noch einmal ins Leben zurückkehren könnte. Doch am Morgen des dritten Tages geschah es dann ...

Als der Sabbat vorüber war, kauften Maria Magdalena, Maria (die Mutter von Jakobus) und Salome verschiedene Salböle, um damit den Leichnam Jesu einzubalsamieren.

Schon sehr früh am Tag nach dem Sabbat – die Sonne war gerade aufgegangen – kamen sie zum Grab. Auf dem Weg dorthin beschäftigte sie nur eine Sorge: „Wer wird wohl den schweren Stein für uns vom Grabeingang wegrollen?" Denn es war ein riesiger, runder Stein, der erst einmal zur Seite gewälzt werden musste.

Plötzlich schwankte und zitterte der Boden unter ihren Füßen und ein Engel Gottes kam vom Himmel herab und näherte sich ihnen. Er rollte den Stein zur Seite und setzte sich darauf. Seine ganze Erscheinung leuchtete wie ein Blitz und sein Gewand war weißer als der Schnee. Die Wächter am Grab fürchteten und erschreckten sich so sehr, dass sie ohnmächtig wurden.

Der Engel sprach die Frauen an: „Ihr braucht keine Angst zu haben. Ich weiß, dass ihr Jesus von Nazaret sucht, den man ans Kreuz genagelt hat. Er ist nicht hier. Er ist auferstanden, wie er es gesagt hat. Kommt, und schaut euch selbst den Platz an, an dem er gelegen hat!"

Vorsichtig schauten die Frauen in die leere Grabkammer.

Doch der Engel drängte sie: „Beeilt euch, ihr sollte seinen Jüngern so schnell wie möglich sagen, dass er vom Tod auferstanden ist. Er wird euch nach Galiläa vorausgehen. Dort werdet ihr ihn sehen. Verlasst euch auf das, was ich euch gesagt habe."

Die Frauen, die fassungslos vor Staunen und voller Freude waren, verloren keine Zeit und verließen sofort die Grabhöhle. Sie liefen so schnell sie konnten, um es den Jüngern zu erzählen.

Doch bevor sie den anderen die Nachricht von Jesu Auferstehung überbringen konnten, war Maria aus Magdala bereits direkt vom leeren Grab zu Petrus und Johannes gelaufen und hatte diese schon davon in Kenntnis gesetzt, dass der Leichnam von Jesus verschwunden war.

Petrus und der andere Jünger liefen unverzüglich zum Grab. Zuerst liefen sie nebeneinander, aber dann war der andere Jünger doch schneller und erreichte das Grab zuerst. Er hielt inne und blickte hinein, sah die Leintücher, betrat das Grab aber nicht. Endlich traf auch Simon Petrus ein und ging sofort in die Grabkammer hinein. Auch er bemerkte die Leintücher und das kleine Tuch, das zum Bedecken des Kopfes verwendet worden war. Das allerdings lag nicht bei den Leintüchern, sondern sorgfältig gefaltet neben diesen. Dann erst kam der andere Jünger, der ursprünglich zuerst am Grab gewesen war, in das Grab hinein, blickte sich um und wusste im selben Augenblick, dass die Frauen recht gehabt hatten. Wie diese waren beide jetzt überzeugt, dass irgendjemand den Leichnam Jesu gestohlen haben musste. Keiner von beiden erwartete etwas anderes, denn die Schriftstellen, die ihnen verraten hätten, dass er von den Toten auferstehen würde, fielen ihnen in diesem Moment wirklich nicht ein. So kehrten beide traurig und ratlos nach Hause zurück.

Inzwischen hatten Maria aus Magdala und zwei Jünger, die gerade erst aus Emmaus zurückgekommen waren, erzählt, sie seien Jesus begegnet.

Noch während sie sich aufgeregt darüber unterhielten, stand Jesus plötzlich mitten unter ihnen und begrüßte sie: „Friede sei mit euch!" Sie dachten, sie sähen ein Gespenst, und starben fast vor Angst.

Doch er versuchte, sie zu beruhigen: „Warum seid ihr denn so durcheinander, warum überlasst ihr euch den Zweifeln, die in euch aufsteigen? Schaut meine Hände an, seht die Füße! Ich bin es wirklich. Berührt mich doch, betrachtet mich ganz genau vom Kopf bis zu den Zehen. Ein Gespenst hat nun mal keine Muskeln und auch keine Knochen."

Während er das sagte, zeigte er ihnen seine Hände und seine Füße. Sie konnten aber immer noch nicht glauben, was sie sahen. Es war einfach zu viel für sie, und es schien zu wunderbar, um wahr zu sein.

Da fragte er sie: „Habt ihr irgendetwas zu essen da?" Sie gaben ihm ein Stück Fisch, das sie zuvor gebraten hatten. Er nahm es und aß es direkt vor ihren Augen.

Dann sagte er: „Alles, was ich euch mitgeteilt habe, als ich mit euch zusammen war, sollte euch darauf vorbereiten, dass alles so kommen musste: Jede Einzelheit, die über mich in den Büchern von Mose, bei den Propheten und in den Psalmen geschrieben steht, musste sich erfüllen."

Und er half ihnen weiter, das Wort Gottes zu verstehen. Alles konnten sie in den alten Schriften finden: die Voraussage, dass der Messias leiden müsste, die Beschreibung seines Todes, aber auch das Versprechen, dass er am dritten Tag auferstehen würde. „In seinem Namen wird allen Nationen die Vergebung der Sünden verkündet, ein Erbarmen Gottes, das das Leben der Menschen von Grund auf verändern wird. Und es fängt hier in Jerusalem an! Ihr seid die Ersten, die es hören und sehen. Ihr seid die Zeugen. Und noch etwas: Ich werde euch den senden, den der Vater euch versprochen hat. Bleibt also in der Stadt, bis ihr mit der Kraft des Heiligen Geistes ausgerüstet seid."

Es kam noch zu einer weiteren Begegnung Jesu mit seinen Jüngern, dieses Mal jedoch am See Gennesaret. Und dabei ereignete sich Folgendes: Simon Petrus, Thomas mit dem Beinamen Zwilling, Nathanael aus Kana in Galiläa, die beiden Zebedäussöhne und noch zwei weitere Jünger waren dort zusammen.

Da sagte Petrus kurzerhand: „Ich geh fischen."

Die Übrigen waren einverstanden. „Gut, wir gehen mit dir!"

Sie kamen zum Ufer des Sees und bestiegen ein Boot. Doch in dieser Nacht fingen sie einfach nichts. Als die Sonne aufging, stand Jesus am Ufer, aber keiner von ihnen erkannte ihn.

Er rief zu ihnen hinüber: „Guten Morgen, habt ihr irgendetwas fürs Frühstück gefangen?"

„Nein", antworteten sie.

Da schlug er ihnen vor: „Werft einmal das Netz auf der rechten Seite des Bootes aus, vielleicht fangt ihr dann etwas."

Sie taten, was der Unbekannte am Ufer ihnen zugerufen hatte. Auf einmal hatten sie eine so große Menge an Fischen in ihrem Netz, dass sie nicht mehr in der Lage waren, das Netz an Bord zu hieven.

Da sagte der Jünger, den Jesus liebte, zu Petrus: „Es ist der Herr."

Es dauerte tatsächlich eine ganze Weile, bis die Jünger begriffen haben, dass Jesus wieder da war, wenn auch auf eine andere Weise. Sie fingen an zu verstehen, welche Bedeutung seine Auferstehung für die gesamte Menschheit hat. Das musste in ihren Kopf und in ihr Herz dringen, wenn sie die Botschaft von Jesus an andere weitergeben wollten.

Inzwischen waren die elf Jünger auf dem Weg nach Galiläa, um auf den Berg zu gehen, den Jesus ihnen als Treffpunkt genannt hatte. Sobald sie ihn sahen, fielen sie nieder und beteten ihn an. Doch einige waren dennoch voller Zweifel.

Als hätte Jesus ihre Gedanken gelesen, offenbarte er ihnen seine Autorität: „Mir ist alle Macht gegeben im Himmel und auf Erden."

Dann gab er seinen Jüngern den Auftrag: „Geht hinaus zu allen Völkern, und tut alles dafür, dass die Menschen mir nachfolgen. Tauft sie auf den Namen des Vaters, des Sohnes und des Heiligen Geistes. Lehrt sie alles, was ihr von mir erfahren habt und was ich euch aufgetragen habe. Aber vor allem vergesst eines nie: Ich bin bei euch alle Tage bis zum Ende der Welt."

Kapitel 28
Ein neuer Anfang

*Was Gottes Geist mit einer Handvoll Leute
bewirken kann ...*

Bis zuletzt hatte Jesus seinen Aposteln, die er selbst ausgewählt hatte, durch den Heiligen Geist gezeigt, was ihr Auftrag sein würde. Vierzig Tage lang hat er sich ihnen nach seiner Auferstehung bei den verschiedensten Gelegenheiten eindeutig zu erkennen gegeben. Immer wieder sprach er mit ihnen über Gottes neue Welt.

Als sie wieder einmal zusammen waren, schärfte er ihnen ein, Jerusalem nicht zu verlassen. „Wartet auf den, den der Vater euch versprochen hat. Ich habe euch sein Kommen ja schon früher immer wieder angekündigt. Johannes hat nur mit Wasser getauft; ihr aber werdet mit dem Heiligen Geist getauft. Und das schon in wenigen Tagen."

Da die Jünger spürten, dass dies vielleicht das letzte Zusammentreffen mit Jesus sein würde, fragten sie ihn: „Herr, ist jetzt der Zeitpunkt gekommen, dass du das Königreich Israel wiederherstellst?"

Jesus entgegnete: „Gewöhnt es euch ab, nach Zeiten und Fristen zu fragen. Es steht euch nicht zu, das zu wissen. Sie liegen allein in den Händen des Vaters. Viel wichtiger ist es, dass ihr durch den Heiligen Geist mit einer Kraft ausgerüstet werdet, die euch in die Lage versetzen wird, als meine Zeugen aufzutreten – in Jerusalem, in ganz Judäa und Samaria bis ans Ende der Welt."

Kaum hatte er diese Verheißung ausgesprochen, wurde er vor ihren Augen emporgehoben und von einer Wolke aufgenommen.

Sie aber standen wie angewurzelt da und starrten hinter ihm her.

Plötzlich traten zwei Männer in strahlend weißen Gewändern zu ihnen und sprachen sie an: „Ihr Galiläer! Was steht ihr da herum und schaut in den Himmel hinauf? Dieser Jesus, den ihr da gerade aus eurer Mitte in den Himmel habt aufsteigen sehen, wird von dort auch wieder auf die Erde zurückkehren."

Zu Beginn des Pfingstfestes waren sie alle wieder an ihrem Versammlungsort zusammen. Urplötzlich kam vom Himmel her ein Geräusch, als würde ein gewaltiger Wind heranbrausen. Dieses Rauschen erfüllte das gesamte Haus, in dem sie saßen. Dann erschienen so etwas wie Feuerzungen, die sich auf jeden Einzelnen niederließen. Alle wurden mit dem Heiligen Geist erfüllt und begannen, in den verschiedensten Sprachen zu reden, wie der Heilige Geist sie ihnen eingab.

Anlässlich des Festes befand sich eine große Anzahl von Juden in Jerusalem, fromme Pilger aus der ganzen damals bekannten Welt. Als sie das Geräusch hörten, liefen sie alle bei dem betreffenden Haus zusammen. Vollkommen überrascht waren sie aber, als sie die Jünger in ihrer jeweiligen Muttersprache reden hörten. Sie waren ganz durcheinander und konnten überhaupt nicht begreifen, was da vor sich ging.

Der Heilige Geist kam, um den Jüngern beizustehen, den Menschen von Jesus zu erzählen und ihnen zu helfen, an Jesus zu glauben. Doch an diesem Morgen machten sich einige Leute über die Jünger lustig. Sie meinten bloß: „Die sind ja betrunken oder nicht mehr ganz richtig im Kopf!"

Da stand Petrus auf und stellte vor der mittlerweile großen Menschenmenge einiges klar:

„Ihr Israeliten, hört jetzt genau zu, was ich euch zu sagen habe: Jesus aus Nazaret, ein Mann, der von Gott – wie ihr selbst nur zu gut wisst – einmalig durch die Wunder und Zeichen bestätigt wurde, die Gott durch ihn mitten unter euch hat geschehen lassen, diesen Jesus habt ihr in die Hände der Heiden ausgeliefert. Die haben ihn dann ans Kreuz geschlagen und umbringen lassen. Doch nichts davon ist geschehen, ohne dass Gott nicht schon immer darum gewusst hätte. So löste er die Fesseln des Todes und erweckte Jesus zum Leben. Der Tod konnte ihn nicht festhalten.

Diesen Jesus hat Gott auferweckt, wofür jeder von uns hier Zeuge ist. Schließlich hat Gott ihn in den Himmel erhoben und ihm den Platz zu seiner Rechten gegeben. Den ihm vom Vater gegebenen Heiligen Geist schenkte er weiter. Er ist es nämlich, der uns erfüllt, wie ihr seht und hört.

Darum, Israel, lass dir eines gesagt sein: Hier ist kein Platz mehr für Zweifel – Gott hat bestätigt, dass Jesus, den ihr am Kreuz habt umbringen lassen, der Herr und langersehnte Messias ist."

Als sie das hörten, waren sie zutiefst betroffen, und sie fragten Petrus und die anderen Apostel: „Was sollen wir denn jetzt bloß tun, Brüder!?"

Petrus entgegnete: „Ändert euch! Wendet euch Gott zu, und lasst euch taufen, jeder von euch, auf den Namen dieses Jesus Christus, damit eure Sünden vergeben werden. Dann werdet ihr das Geschenk des Heiligen Geistes empfangen. Die Verheißung gilt euch und euren Kindern, doch auch all denen, die ganz woanders leben und nicht zu unserem Volk gehören. Auch sie möchte Gott, unser Herr, in seine Nähe rufen."

Auf diese Predigt hin (die übrigens noch um einiges länger war) entschieden sich an diesem einen Tag über dreitausend Menschen für ein Leben mit Jesus. Jetzt war es wichtig, dass sie sofort Gemeinschaften fanden, in denen sie mehr von diesem Jesus hören konnten.

Diese plötzlich sehr stark angewachsene Gemeinde entwickelte ein eigenes Leben in einzelnen, kleinen Haus-Gemeinschaften. Dort lehrten die Apostel, dort brach man auch das Brot miteinander und lernte vor allem zu beten. Alle wurden von einer tiefen Ehrfurcht erfüllt, denn durch die Apostel geschahen zahlreiche Zeichen und Wunder. Und alle, die zum Glauben gekommen waren, lebten mit einem Mal füreinander. Sie besaßen alles gemeinsam, das heißt: Viele verkauften alles, was sie besaßen, und gaben es an andere weiter, die darauf angewiesen waren. Sie hatten es sich auch zur Gewohnheit gemacht, täglich in den Tempel zu gehen, um dort zu beten und sich anschließend in den verschiedenen Häusern zum „Brotbrechen" zu treffen, das sie ganz besonders an Jesus erinnerte. Jede dieser Mahlzeiten war ein kleines Fest, alle waren voller kindlicher Freude, voller Lob und Dankbarkeit gegenüber dem Vater. In der übrigen Bevölkerung wuchs das Wohlwollen gegenüber dieser neuen Gemeinschaft, und täglich stießen neue Menschen hinzu, die Gott selbst der Gemeinschaft zuführen wollte und die so ihre Rettung fanden.

Doch nicht alle waren von dieser neuen „Bewegung" begeistert. Manche der religiösen Führer sahen immer noch rot, wenn sie nur den Namen „Jesus" hörten. Unter ihnen war auch ein Mann namens Saulus, der nur eines wollte: diese Sektierer wie Unkraut auszurotten. So mussten viele Jünger in die benachbarten Ortschaften fliehen. Doch dadurch bekamen die Menschen dort die Gelegenheit, auch von Jesus zu hören.

Überall, wohin die Nachfolger Jesu zerstreut wurden, predigten sie die Botschaft von Jesus. So kam auch Philippus hinunter in die Stadt der Samariter und verkündete dort die Botschaft von Jesus, dem Messias.
  Und die Bewohner der Stadt hörten ihm wirklich zu, weil das, was er ihnen zu sagen hatte, durch Wunder bestätigt wurde. Viele böse Geister wehrten sich lautstark, bevor sie verjagt wurden. Und Menschen, die schwer verkrüppelt oder sogar gelähmt waren, wurden in diesen Tagen geheilt. So ist verständlich, dass in der ganzen Stadt eine unbeschreibliche Freude herrschte!
  Während all dieser Zeit verfolgte Saulus die Gemeinde in blindem Fanatismus, einzig von dem Gedanken besessen, diese Sekte auszurotten. So ging er eines Tages zum Obersten Priester und erbat sich von ihm verschiedene

Beglaubigungsschreiben für die Leiter der Synagogen in Damaskus, um bevollmächtigt zu sein, die „Anhänger des Weges" (so nannte man damals die Nachfolger Jesu), egal, ob Männer oder Frauen, zu verhaften und nach Jerusalem zu bringen. Dann brach er auf.

Als er sich Damaskus näherte, umstrahlte ihn plötzlich ein Licht vom Himmel, sodass er wie betäubt zu Boden stürzte. Als er am Boden lag, hörte er eine Stimme: „Saulus, Saulus, warum verfolgst du mich?"

Saulus stammelte: „Wer … wer bist du, Herr?"

„Ich bin Jesus, den du verfolgst. Ich möchte, dass du jetzt aufstehst und in die Stadt gehst. In der Stadt wird dir dann gesagt werden, was du als Nächstes tun sollst."

Seine Begleiter standen sprachlos bei ihm. Sie hatten zwar eine Stimme gehört, aber niemanden gesehen. Saulus erhob sich langsam vom Boden, doch als er die Augen öffnete, merkte er, dass er nichts mehr sehen konnte. Seine Begleiter mussten ihn bei der Hand nehmen und nach Damaskus hineinführen. Drei Tage lang dauerte seine Blindheit. Während dieser Zeit aß und trank er nichts.

In Damaskus gab es einen Jünger Jesu namens Hananias. Der Herr sprach in einer Vision zu ihm: „Hananias!"

„Ja, Herr", antwortete er.

„Steh auf und geh in die Gerade Straße. Frag in dem Haus von Judas nach einem Mann aus Tarsus. Sein Name ist Saulus. Hab keine Angst, er betet! Er hat gerade in einer Vision gesehen, wie du in sein Haus kommen und ihm die Hände auflegen wirst. Danach würde er wieder sehen können."

Hananias wehrte sich: „Herr, habe ich dich richtig verstanden? Ich habe von diesem Mann bislang nur die schlimmsten Dinge gehört: In Jerusalem hat er deine

Gemeinde unterdrückt, und jetzt ist er hierhergekommen, um mit der Vollmacht des Hohepriesters alle zu verhaften, die zu dir gehören."

Doch der Herr beruhigte ihn: „Mach dir keine Sorgen. Geh einfach! Ich habe ihn auserwählt, um mein besonderes Werkzeug zu sein. Er wird vor Völkern, Königen und dem jüdischen Volk mein Zeuge sein. Im Laufe der Zeit werde ich ihm zeigen, wie viel er für meinen Namen wird ertragen müssen."

Daraufhin ging Hananias los, fand das Haus und legte dem blinden Saulus seine Hände auf. Dann sagte er zu ihm: „Bruder Saulus, der Herr hat mich geschickt, derselbe Jesus, den du auf dem Weg hierher gesehen hast. Er hat mich zu dir gesandt, damit du wieder sehen kannst und mit dem Heiligen Geist erfüllt wirst."

Kaum hatte er das letzte Wort ausgesprochen, da wurde der dunkle Schleier von den Augen des Saulus weggenommen, und er konnte wieder sehen! Er stand auf, ließ sich taufen, und nach einem kleinen Festmahl kam er wieder zu Kräften.

Der Heilige Geist krempelte das Denken des Saulus völlig um. Viele markieren diese Veränderung auch mit einem Namenswechsel – Saulus hieß nämlich ab diesem Zeitpunkt Paulus. Jedenfalls war es ihm wichtig, dass die Apostel in Jerusalem ihn als Mitarbeiter akzeptierten und hinter ihm standen, wenn er nun den Juden und den Nichtjuden von Jesus erzählte. Die Apostel merkten sehr schnell, dass er wirklich Jesus begegnet war, und da er mehrere Sprachen beherrschte und gut vor vielen Leuten sprechen konnte, waren sie damit einverstanden, dass er sich vor allem um die Menschen kümmern würde, die keine Juden waren.

Die Zeit, in der man die Gemeinde halbwegs in Ruhe gelassen hatte, war mit einem Mal zu Ende. Dieses Mal war es König Herodes, der aus heiterem Himmel einige Mitglieder der Gemeinde verhaften und misshandeln ließ. Ja, er ließ sogar Jakobus, den Bruder des Johannes, kurzerhand enthaupten. Als er sah, wie sehr das den führenden Juden in Jerusalem gefiel, ließ er auch Petrus festnehmen.

Da aber das Passafest unmittelbar bevorstand, konnte er diesem nicht sofort den Prozess machen, sondern musste sich bis zum Tag nach dem Fest gedulden. Damit Petrus ihm aber für diesen Schauprozess auch tatsächlich zur Verfügung stand, ließ er ihn nicht nur ins Gefängnis werfen und dort anketten, sondern auch noch von vier Wachabteilungen zu je vier Soldaten bewachen. (Für Petrus gab es also – menschlich gesehen – keine Chance mehr, aus dem Gefängnis herauszukommen.) Trotzdem oder gerade deswegen betete die Gemeinde mit aller Kraft für ihn.

Die Nacht vor dem Schauprozess kam. Am nächsten Tag wollte Herodes Petrus öffentlich vorführen lassen. Dieser aber schlief fest, angekettet zwischen zwei Soldaten. Außerdem gab es noch die üblichen Gefängniswachen.

Plötzlich wurde es in dem Verlies ganz hell. Aus dem Licht heraus kam ein Engel auf Petrus zu und stieß ihn an: „Steh auf, beeil dich!" Sofort fielen die Fesseln von seinen Handgelenken.

Der Engel aber drängte weiter: „Schnell, zieh dich an! Vergiss auch die Schuhe nicht!" Petrus tat alles wie ein Schlafwandler.

Noch einmal musste der Engel ihm sagen: „So, und jetzt nimm deinen Mantel, und dann halte dich dicht hinter mir!"

Petrus folgte ihm, aber er hatte das Gefühl, dass er träumte. Nachdem sie die erste Wache und dann die zweite passiert hatten, erreichten sie das eiserne Tor, das in die Stadt führte.

Da schwang das Tor ganz von allein vor ihnen auf und unvermittelt standen sie draußen auf der Straße. Sie gingen noch eine Gasse weiter, da verließ ihn der Engel. Erst jetzt merkte Petrus, dass es kein Traum war.

„Ich fasse es nicht, das Ganze ist ja wirklich passiert! Der Herr hat mir tatsächlich einen Engel geschickt, um mich aus der Hand von Herodes zu befreien und vor der Hinrichtung zu bewahren, die sich das jüdische Volk erhofft hat."

Während er versuchte, seine Befreiung zu begreifen, ging er weiter und erreichte schließlich das Haus von Maria, der Mutter des Johannes Markus. Hier hatten sich viele Mitglieder der Gemeinde zum Gebet versammelt. Als Petrus an das Hoftor klopfte, kam eine junge Frau namens Rhode, um nachzusehen, wer da so spät nachts noch hereinwollte. Aber als sie die Stimme von Petrus erkannte, war sie so aufgeregt und voller Freude, dass sie völlig vergaß, das Tor zu öffnen. Sie rannte ins Haus und erzählte allen, Petrus sei zurückgekommen.

Natürlich glaubte ihr niemand ein Wort. „Du siehst Gespenster."

Doch sie ließ sich nicht davon abbringen, die Stimme von Petrus erkannt zu haben. Aber niemand nahm es ihr ab. Um sie nicht völlig dumm dastehen zu lassen, meinten einige: „Vielleicht war es ja sein Engel."

Und während der ganzen Zeit stand Petrus draußen auf der Straße und klopfte weiterhin an das Tor. Endlich öffneten sie es, erblickten ihn und waren außer sich vor lauter Freude. Petrus hob schließlich die Hand und beruhigte sie ein wenig. Dann beschrieb er, wie ihn der Herr aus dem Gefängnis herausgeholt hatte.

Schließlich meinte er: „Erzählt Jakobus und den anderen Brüdern, was passiert ist." Daraufhin verließ er sie und zog sich an einen unbekannten Ort zurück.

Als der Tag anbrach, war das Gefängnis in heller Aufregung.

„Wo ist Petrus? Was ist mit Petrus passiert?" Als Herodes ihn kommen lassen wollte und die Wachen ihn weder vorführen noch eine Erklärung dafür vorbringen konnten, warum er nicht mehr in ihrem Gewahrsam war, hatten sie ein großes Problem.

Egal, wer auch versucht hat, die Christen einzuschüchtern: Der Heilige Geist setzte sein Werk in den jungen Gläubigen fort und ermutigte sie, die Gute Nachricht von Jesus weiterzugeben. Von dem Wirken von Paulus und seinen Mitarbeitern berichtet beispielhaft für viele andere die Apostelgeschichte.

Kapitel 29

Die Mission des Paulus

Statt jüdischer Splittergruppe – eine Weltreligion

Paulus musste einfach den Menschen von Gottes Liebe erzählen, die noch nie etwas davon gehört hatten. Darum zog es ihn in die Länder, in denen die Juden eine absolute Minderheit waren. Er unternahm ausgedehnte Reisen vor allem im östlichen Mittelmeerraum. Sein Markenzeichen war, dass er nie allein reiste. Am Anfang begleitete ihn Barnabas, später Silas und Timotheus und danach wieder andere. In allen Städten fanden sie Möglichkeiten, über Jesus zu sprechen, zuerst in den Synagogen, dann in aller Öffentlichkeit.

Am Sabbat verließen Paulus und ich (Lukas) die Stadt und gingen zum Fluss hinab, an dem sich eine bescheidene jüdische Gebetsstätte befinden sollte. Tatsächlich versammelte sich dort eine kleine Gruppe Frauen, mit denen wir ins Gespräch kamen. Eine Frau, die Lydia hieß, aus Thyatira in Kleinasien stammte und mit kostbaren Purpurstoffen handelte, führte ein Gott hingegebenes Leben. An diesem Tag hatte Gott ihr aufs Herz gelegt, ganz besonders auf das zu achten, was dieser Fremde – Paulus – zu sagen hatte.

Die Frohe Botschaft bewegte ihre Herzen, und Lydia ließ sich mit allen, die in ihrem Haus waren, taufen.

Dann bat sie Paulus: „Wenn ihr überzeugt seid, dass ich nun eine von euch bin und wirklich an den Herrn glaube, dann kommt zu mir in mein Haus, und seid meine Gäste." Unser Zögern überwand sie mit liebevollem Nachdruck.

Eines Tages, als wir gerade auf dem Weg zu einem Gebetstreffen waren, begegneten wir einer jungen Sklavin. Sie wurde von einem Wahrsagegeist beherrscht, der es ihr möglich machte, Menschen ihr Schicksal vorauszusagen. Das hatte natürlich ihren Besitzern schon sehr viel Geld eingebracht.

Von dieser ersten Begegnung an lief sie Paulus ständig hinterher und lenkte die Aufmerksamkeit der Leute auf uns, indem sie laut rief: „Diese Männer arbeiten für den Allerhöchsten. Sie werden euch den Weg zur Erlösung zeigen."

Das tat sie tagelang, bis Paulus schließlich die Geduld verlor und er dem Geist, der sie im Griff hatte, befahl: „Raus mit dir! Im Namen Jesu befehle ich dir, verlass sofort diese Frau!" Und im gleichen Augenblick suchte der Geist das Weite.

Als ihre Besitzer sahen, dass mit dem Geist auch ihre Hoffnungen auf ein einträgliches Geschäft ausgefahren waren, ergriffen sie Paulus und Silas und schleppten beide auf den Marktplatz. Dort wurden sie den Ordnungshütern übergeben, damit sie dem Stadtrichter vorgeführt würden. Ihre Anklage lautete: „Diese Männer stören den Frieden in unserer Stadt! Sie sind zwar Juden, verkünden aber Sitten, die weder wir als römische Bürger noch die Juden annehmen dürfen."

Es brauchte nicht viel, um die Menge gegen die beiden fremden Männer aufzubringen. Selbst die Richter ließen sich von der aufgeheizten Stimmung der Leute mitreißen und befahlen, Paulus und Silas die Kleidung vom Leib zu reißen und sie öffentlich auszupeitschen.

Nachdem sie brutal verprügelt worden waren, wurden Paulus und Silas ins Gefängnis geworfen. Dem Gefängnisaufseher schärfte man ein, sie unter besonders strenger Bewachung zu halten. Und genau das tat er: Er warf sie in die innerste und sicherste Zelle seines Gefängnisses und schloss ihre Füße in den Block ein.

Gegen Mitternacht beteten Paulus und Silas und sangen voller Freude Lieder zu ihrem Gott. Die anderen Gefangenen hörten ihnen verwundert zu. Plötzlich gab es ein gewaltiges Erdbeben. Das Gefängnis wurde bis in die Fundamente erschüttert, die Türen sprangen auf, und von den Gefangenen fielen die Fesseln ab.

Der Gefängnisaufseher schreckte aus dem Schlaf auf, und als er sah, dass alle Gefängnistüren weit offen standen, zog er sein Schwert, um sich das Leben zu nehmen. Denn er musste ja annehmen, dass alle Gefangenen geflohen waren und er deshalb sowieso schon so gut wie tot war.

Doch Paulus rief so laut er konnte aus dem Verlies: „Tu das nicht! Wir sind noch alle hier. Niemand ist weggelaufen."

Da ließ sich der Gefängnisaufseher Fackeln bringen und lief in das Innere des Gefängnisses. Er zitterte am ganzen Körper, als er vor Paulus und Silas auf die Knie fiel. Er führte sie aus dem Gefängnis heraus und fragte sie: „Ihr Herren, was muss ich tun, um gerettet zu werden?"

Sie entgegneten: „Du musst nur von ganzem Herzen

auf den Herrn Jesus vertrauen. Dann bist du gerettet, du und deine ganze Familie."

Und sie begannen, ihm und seiner ganzen Familie die Geschichte von Jesus zu erzählen. Niemand ging in dieser Nacht zu Bett. Der Gefängnisaufseher hatte die beiden in sein Haus aufgenommen, die Spuren der Misshandlungen abgewaschen und die Wunden behandelt. Danach ließ er sich sofort taufen – zusammen mit seiner ganzen Familie.

Was folgte, war ein Festmahl. Alle saßen um den Tisch, und die Freude über Gottes Wirken und den neugewonnenen Glauben machte diese nächtlichen Stunden unvergesslich.

Als der Morgen anbrach, kamen Boten vom Gericht mit der Anweisung, diese beiden Männer einfach zu entlassen. Der Gefängnisaufseher gab diese Botschaft sofort an Paulus weiter: „Das Gericht hat angeordnet, euch freizulassen. Herzlichen Glückwunsch! Ihr könnt euch also wieder frei bewegen. Geht in Frieden!"

Doch da hatten die Richter die Rechnung ohne Paulus gemacht. Sie mussten persönlich erscheinen, sich entschuldigen und sie aus dem Gefängnis hinausführen. Denn ohne einen fairen Prozess durfte auch damals schon niemand so bestraft werden, schon gar nicht ein römischer Bürger wie Paulus.

Überall, wo Paulus und seine Gefährten hinkamen, entstanden neue Gemeinschaften. Solange er die Leute persönlich unterweisen konnte, kamen sie gut voran. Wenn er dann weiterzog, blieb ihm oft nur eine Möglichkeit: Er schrieb ihnen Briefe. Diese Briefe wurden in vielen Gemeinden hochgeschätzt und immer wieder vorgelesen, nicht nur damals, auch heute noch!

„Wenn wir in unseren Gebeten zu Gott, unserem Vater, an euch denken, danken wir ihm unaufhörlich für euch. Wir wissen um euer Leben aus der Beziehung zu Jesus, um eure Hingabe, eure Liebe, eure Geduld. Eure Hoffnung auf das Kommen unseres Herrn Jesus Christus ist unerschütterlich.

Meine Schwestern und Brüder, wir wissen, dass Gott euch als seine Kinder erwählt hat und euch sehr liebt. Damals, als wir euch die Frohe Botschaft gebracht haben, kamen wir nicht nur mit bloßen Worten zu euch, sondern auch mit Taten, in denen sich die Kraft des Heiligen Geistes zeigte. Wir haben euch auch mit großer Gewissheit von eurer Erlösung erzählt. Aber ihr wisst ja selbst, wie wir damals um euretwegen unter euch aufgetreten sind.

Wir wissen gar nicht, wie wir Gott nur für all die Freude danken sollen, die wir allein durch euch geschenkt bekommen. Grund genug, Gott Tag und Nacht in den Ohren zu liegen und ihn zu bitten, euch doch endlich wiedersehen zu können. Wir würden euch zu gern dabei helfen, euch in eurem Glauben noch weiterzuentwickeln. Wir sind zuversichtlich, dass Gott, unser Vater, und unser Herr Jesus Christus für eine Möglichkeit sorgen werden, dass wir wieder zu euch kommen können. Wir bitten ihn darum, dass er euren Glauben stärkt und eure Liebe zueinander und zu allen Menschen ohne Maß wachsen lässt. Es ist dieselbe Liebe, mit der wir euch lieben und die eure Herzen stark machen soll.

Denn wenn unser Herr Jesus Christus mit allen wiederkommt, die treu zu ihm gehalten haben, dann sollt ihr vor Gott, unserem Vater, untadelig dastehen können. Darum bitte ich, amen.

Jesus Christus selbst wird beim Ruf des Erzengels und beim Schall der Posaune Gottes vom Himmel herabkommen, und alle, die zu Jesus Christus gehörten und gestorben sind, werden zuerst auferstehen. Dann werden wir, die wir noch auf dieser Erde übrig geblieben sind, in die Wolken erhoben werden, um ihm zu begegnen. Von diesem Moment an werden wir alle für immer beim Herrn sein. Tröstet euch also gegenseitig mit diesen Worten!

Freut euch zu jeder Zeit! Hört nicht auf, mit Gott zu reden und ihm für alles zu danken. Denn durch Jesus Christus wissen wir, dass Gott genau das und nichts anderes von euch erwartet.

Löscht nicht den Heiligen Geist in euch aus! Geht nicht leichtfertig darüber hinweg, wenn jemand prophetisch redet!

Alles dürft, ja, sollt ihr prüfen, aber nur das Gute behalten. Was sich mit Jesus nicht vereinbaren lässt, haltet von euch fern.

Er aber, der Gott des Friedens, verwandle euch immer mehr in das Bild seines Sohnes, damit euer Körper und eure Seele unversehrt und untadelig bewahrt werden für den Tag, an dem unser Herr Jesus Christus wiederkehrt. Wie gut ist es zu wissen, dass der, der euch berufen hat, treu ist. Er wird vollenden, was er in euch begonnen hat.

*Liebe Schwestern und Brüder, betet auch für uns!
Grüßt die übrigen Geschwister alle, und umarmt sie
herzlich. Sorgt bitte dafür, dass dieser Brief allen
vorgelesen wird, ich bitte euch um Jesu willen darum.
Die Gnade unseres Herrn Jesus Christus sei mit euch
allen!"*

Nicht selten kam es vor, dass manche Gemeinden ganz wesentliche Dinge in der Nachfolge Jesu einfach vergaßen. In der Gemeinde von Korinth kam es so einmal zu einer heftigen Auseinandersetzung, sodass Paulus mit einem Brief Klarheit schaffen musste.

*„Liebe Schwestern und Brüder, ich bitte euch inständig beim Namen unseres Herrn Jesus Christus, darauf zu achten, dass es unter euch keine Spaltungen gibt, sondern dass ihr eines Sinnes seid.
Es ist wie im menschlichen Körper. Dieser hat zwar viele Glieder, aber obwohl es so viele sind, bilden erst alle zusammen einen Leib. So ist es auch in der Gemeinde, dem Leib Christi. Denn wir sind ja durch den einen Geist in der Taufe zu einem Leib zusammengefügt worden, wobei es keine Rolle gespielt hat, ob wir Juden oder Nichtjuden waren, Sklaven oder freie Bürger. Wir sind alle mit dem einen Geist erfüllt worden. Und so wie der Leib auch nicht nur aus einem Glied besteht, so besteht die Gemeinde aus sehr vielen und sehr unterschiedlichen Gliedern.*

Könnt ihr euch vorstellen, dass der Fuß plötzlich sagt: ‚Weil ich keine Hand bin, will ich nichts mit dem Körper zu tun haben?' Würde er deswegen aufhören, ein Teil des Leibes zu sein?

Oder wenn das Ohr sich mit einem Mal nicht mehr zum Leib gehörig fühlte, weil es nicht das Auge ist – deswegen gehört es trotzdem weiter zu diesem einen Leib. Denn was wäre das für ein Leib, wenn er nur aus Augen bestehen würde – wo bliebe da das Gehör?! Oder wenn der Leib nur hören könnte – wie könnte der Mensch dann noch Gerüche wahrnehmen?

Nun hat aber Gott die Glieder und Organe eines Menschen so zusammengefügt, das keines ohne das andere auskommt. Haltet euch dieses Bild vor Augen, denn ihr bildet zusammen den Leib Christi; als Einzelne aber seid ihr Glieder an ihm.

Wenn ich alle Sprachen der Menschen und sogar der Engel spreche, aber keine Liebe habe, dann bin ich nichts als ein dröhnender Gong oder ein schepperndes Becken.

Und wenn ich die Gabe der Prophetie und der Erkenntnis habe und alle Geheimnisse kenne, wenn ich die Glaubenskraft besitze, Berge zu versetzen, aber in mir keine Liebe ist, dann bin ich ein Nichts.

Selbst wenn ich alles hergebe, was ich besitze, und sogar noch mein Leben, worauf ich eigentlich stolz sein könnte – wenn das alles ohne Liebe geschieht, nützt es mir gar nichts.

Die Liebe hat einen langen Atem und ist voller Güte.

Sie ist nicht eifersüchtig und spielt sich nicht auf.
Die Liebe hat nichts Angeberisches oder etwas, das das Empfinden anderer Menschen verletzt.
Sie schaut nicht auf ihren Vorteil und lässt sich auch durch nichts provozieren.
Sie trägt das Böse nicht nach, erst recht freut sie sich nicht darüber, wenn anderen Unrecht geschieht.
Die Liebe freut sich allerdings sehr über die Wahrheit. Sie erträgt alles, sie glaubt alles, sie erhofft alles – ja, sie erduldet alles.
Die Liebe hört niemals auf."

Paulus wollte, dass die Menschen mehr und mehr die Liebe begreifen, die Gott dazu gebracht hat, Jesus in diese Welt zu schicken.

Wie unvorstellbar groß auch diese Liebe ist, wir haben als Gottes Geschöpfe eine Möglichkeit, darauf eine wunderbare Antwort zu geben, und das ist unser Vertrauen auf Jesus. So werden nicht nur wir durch seine Liebe verändert, sondern durch unser „jesusmäßiges" Verhalten werden auch andere Menschen immer mehr gesegnet.

„Im Leben eines Menschen, der Jesus ganz vertraut, finden sich als Frucht des Geistes eine Menge kostbarer Dinge wie Liebe, Freude, Friede, Geduld, Freundlichkeit, Güte, Treue, Sanftmut, Selbstbeherrschung.
Versteht ihr, dass ein Mensch, der so lebt, nicht mehr unter dem Gesetz steht?

Durch den Tod Jesu, in den auch wir hineingetaucht wurden, sind wir aus dem Herrschaftsbereich aller unserer egoistischen Wünsche und Vorstellungen sozusagen herausgestorben.

Wenn nun der Geist Gottes in unserem Leben das Sagen hat, verändert sich unser Leben Stück für Stück zum Guten. Wir müssen nicht mehr um uns selbst kreisen. Wir müssen den anderen auch nicht länger eigene Leistungen vorzeigen. Jeder von uns wird durch Gott so beschenkt, dass er niemanden mehr beneiden muss.

Die Gnade unseres Herrn Jesus Christus sei mit euch, meine Schwestern und Brüder. Amen."

Kapitel 30
Mission in Ketten

Verfolgung, Gefängnis und Folter begleiten von Anfang an die Verkündigung des Evangeliums

Paulus war viele Jahre unterwegs und erzählte überall den Menschen von Jesus, und überall entstanden kleine und große Gemeinden. Doch nicht jeder hatte an seinem unglaublichen Wirken Freude, schon gar nicht die altbekannte Führungsschicht in Jerusalem.

Trotzdem drängte ihn der Heilige Geist, genau in diese Stadt zurückzukehren. Auf seiner Reise dorthin besuchte er noch einmal verschiedene Gemeinden. Hier der Originalton seines Abschieds von den Leitern der Gemeinde in Ephesus:

„Der Heilige Geist zwingt mich regelrecht dazu, nach Jerusalem zu reisen. Und dieses Mal habe ich nicht die geringste Ahnung, was mich dort erwarten wird. Ich weiß nur, dass mir dort harte Zeiten, ja, sogar das Gefängnis bevorstehen, denn das hat mich der Heilige Geist wiederholt wissen lassen. Es ist mir allerdings völlig egal, was mit mir geschieht. Wirklich wichtig ist für mich nur eines: Wie kann das zu Ende gebracht werden, was Gott begonnen hat? Und vor allem: Wie kann ich dazu beitragen? Jesus hat mir den Auftrag gegeben, allen Menschen, wo immer ich sie treffe, die froh machende Botschaft von der Gnade Gottes zu bringen.

Deshalb möchte ich mich jetzt von euch verabschieden, denn es wird für uns kein Wiedersehen mehr geben. Ja, ich habe lange bei euch gelebt und euch die Gute Nachricht von der liebevollen Herrschaft Gottes gebracht. Darum kann ich heute mit gutem Gewissen sagen, dass ich mein Bestes gegeben und euch nichts von dem vorenthalten habe, was Gott euch durch mich schenken wollte. Nun liegt es an euch: Seid wachsam, sowohl was euch selbst anbelangt als auch die euch anvertraute ‚Herde' der Gläubigen. Der Heilige Geist hat diese Menschen in eure Obhut gegeben – sie sind Gottes Volk –, damit ihr sie beschützt und begleitet. Gott selbst hielt sie für so wertvoll, dass er das Leben seines Sohnes für sie opferte."

Dann kniete sich Paulus mit allen zusammen nieder, und sie beteten miteinander. Nun begannen alle, laut zu weinen, und sie fielen Paulus um den Hals und küssten ihn. Am meisten schmerzte sie die Aussage, dass sie ihn nie wiedersehen würden. Doch dann begleiteten alle ihn hinab zum Schiff.

Als Paulus in Jerusalem ankam, ging er direkt zum Tempel und fing dort an, über Jesus zu predigen. Es dauerte nicht lange, und er wurde von wütenden Leuten aus dem Tempelbezirk gezerrt, um außerhalb getötet zu werden. Ein herbeigeeilter Trupp römischer Soldaten brachte ihn auf ihre Wache. Doch Paulus bat um die Erlaubnis, von der Treppe des römischen Gebäudes aus zu der inzwischen gewaltig angewachsenen Menschenmenge sprechen zu dürfen. Er er-

zählte den Menschen, wie er früher diese Jesusleute verfolgt hatte, dann aber auf dem Weg nach Damaskus Jesus begegnet war, was sein Leben verändert hatte. Die Leute hörten so lange geduldig zu, bis er sagte, Gott habe ihm den Auftrag gegeben, die Botschaft auch den nichtjüdischen Völkern zu bringen. Und aus war es mit der Ruhe ...

Die Menge hatte ihm bis zu diesem Punkt aufmerksam zugehört, doch jetzt brach ein unvorstellbares Geschrei los: „Bringt ihn um! Er hat kein Recht mehr, auf dieser Erde zu leben!" Sie drohten wild mit ihren Fäusten, rissen sich die Kleider vom Leib und warfen Staub in die Luft.

Es war höchste Zeit, dass der Oberst der Kohorte den Befehl gab, Paulus in die Festung zu bringen. Er war verärgert und fest entschlossen, Paulus unter Folter zu befragen, warum die Leute so unglaublich wütend auf ihn waren.

Als sie ihn schon ausgestreckt angebunden hatten, um ihn auszupeitschen, fragte Paulus den Hauptmann, der die Aktion leitete: „Ist es denn legal, einen römischen Bürger ohne einen fairen Prozess auszupeitschen?"

Als der Hauptmann das hörte, ging er sofort zum Oberst. „Wisst Ihr eigentlich, was Ihr da macht? Dieser Mann ist römischer Bürger!"

Daraufhin eilte dieser auf der Stelle zu Paulus und erkundigte sich: „Ist es wahr, dass Ihr ein römischer Bürger seid?"

„Ja, das ist richtig, ich bin römischer Bürger", erwiderte Paulus.

Das beeindruckte sein Gegenüber: „Ich habe eine Unsumme für meine römische Staatsbürgerschaft gezahlt. Was hat sie dich denn gekostet?"

„Nichts", entgegnete Paulus, „nichts, denn ich besaß das römische Bürgerrecht schon vom Tag meiner Geburt an."

Damit war das Verhör beendet und die Soldaten banden Paulus sofort los. Der Oberst hingegen musste Schwierigkeiten befürchten, denn er hatte einen freien römischen Bürger in Ketten legen lassen.

Weil Paulus römischer Bürger war, hatte er besondere Rechte, die seine Ehre und sein Leben schützten. Es sieht so aus, als hätte Gott in der Folgezeit auch die Gefangenschaft von Paulus gebrauchen können, denn dieser nutzte die Gelegenheit und sagte bei den zahllosen Verhören vor mehreren römischen Gouverneuren und zum Schluss sogar vor König Agrippa einiges über Jesus.

Als aber einer von ihnen, Festus, Paulus hinrichten lassen wollte, um die Angelegenheit aus der Welt zu schaffen und vor allem der führenden Schicht in Jerusalem einen großen Gefallen zu tun, appellierte Paulus an den römischen Kaiser.

Das hieß, er musste mit einer Gruppe von Gefangenen per Schiff nach Rom überführt werden. Der verantwortliche Kommandeur für diesen Transport war Julius, ein Mitglied der kaiserlichen Garde.

Zu diesem Zeitpunkt hatten wir bereits viele Tage verloren. Es war schon Ende September, sodass wir von jetzt an mit stürmischem Wetter rechnen mussten. Paulus selbst warnte: „Wenn wir jetzt in See stechen, dann sehe ich nichts als Gefahren für Schiff und Ladung, ganz zu schweigen für unser Leben, auf uns zukommen."

Leider verließ der Hauptmann sich mehr auf das, was

der Steuermann und der Schiffseigner sagten, als sich um die Warnung des Paulus zu kümmern. Da der Hafen alles andere als ideal war, um dort zu überwintern, versuchte man, Phönix zu erreichen, eine Hafenstadt auf Kreta, die nur etwas mehr als fünfzig Kilometer von ihrem Ankerplatz entfernt lag. Ihr Hafen war nach Süd- und nach Nordwesten ausgerichtet und wesentlich besser zum Überwintern geeignet.

Als ein leichter Wind von Süden aufkam, hielt man die Gelegenheit für günstig, das Vorhaben in die Tat umzusetzen, und lichtete den Anker. Zunächst segelten wir dicht an der Küste Kretas entlang. Doch schon nach kurzer Zeit riss der gefürchtete Nordostwind, der einem Wirbelsturm in nichts nachsteht, das Schiff mit sich fort. Da die Mannschaft nicht mehr in der Lage war, den Bug des Schiffes gegen den Wind zu stellen, ließen wir uns einfach treiben. Wir gelangten auf diese Weise in den Windschatten der kleinen Insel Kauda, wo es uns wenigstens gelang, das Beiboot einzuholen und die Segel zu raffen. Doch felsige Untiefen hinderten uns daran, näher an die Insel heranzukommen. Wir konnten nur verhindern, dass wir nicht auf die Sandbänke aufliefen, indem wir einen Treibanker auswarfen.

Am nächsten Tag befanden wir uns wieder auf hoher See. Unser Schiff war durch den Sturm bereits schlimm in Mitleidenschaft gezogen und deshalb warfen wir die Ladung über Bord.

Am dritten Tag erleichterten die Seeleute das Boot, indem sie die gesamte Schiffsausrüstung über Bord gehen ließen. Wir hatten nun schon etliche Tage weder Sonne noch Sterne gesehen. Der Wind und die Wellen setzten uns unbarmherzig zu, sodass wir alle Hoffnung auf

Rettung aufgaben. Wir waren so erschöpft und mutlos, dass wir jeden Appetit auf Essen verloren hatten. In dieser Lage stellte Paulus sich in unsere Mitte und ermutigte uns: „Freunde, wenn ihr wirklich auf mich gehört hättet, als wir noch in Kreta waren, würden wir jetzt nicht in diesen gewaltigen Schwierigkeiten stecken. Aber darüber brauchen wir jetzt nicht mehr zu reden. Von jetzt an wird es wieder besser werden. Ich kann euch versichern, dass nicht einer von uns umkommen wird, was ich allerdings leider nicht von diesem Schiff sagen kann. Es wird untergehen. Vergangene Nacht stand ein Engel an meiner Seite, ein Engel des Gottes, dem ich diene, und sagte zu mir: ‚Du brauchst keine Angst zu haben, Paulus. Du wirst vor den Kaiser treten, und jeder, der mit dir auf dem Schiff unterwegs ist, wird ebenfalls sein Ziel erreichen.' Darum, liebe Freunde, lasst den Kopf nicht länger hängen. Ich bin davon überzeugt, dass Gott genau das tun wird, was er mir zugesagt hat. Allerdings werden wir auf irgendeiner Insel stranden."

In der vierzehnten Nacht, in der wir nun schon auf See trieben, bemerkten die Seeleute, dass wir uns einer Küste näherten. Rasch warfen sie das Lot aus und maßen zunächst etwa vierzig Meter unter dem Kiel. Doch schon kurze Zeit später waren es weniger als dreißig. Das ließ befürchten, dass wir in wenigen Augenblicken gegen irgendwelche Klippen geworfen würden. Darum warfen wir vom Heck aus vier Anker und hofften inständig, dass es bald Tag würde.

Einige der Seeleute versuchten, sich mit dem Beiboot selbst zu retten. Sie gaben vor, auch vom Bug aus noch einige Anker setzen zu wollen. Doch Paulus durchschaute den Plan und sagte zum Hauptmann: „Wenn diese Seeleute nicht im Schiff bleiben, wird keiner von uns überleben." Da kappten die Soldaten kurzerhand die Leinen des Beibootes und ließen es davontreiben.

Als es langsam zu dämmern begann, rief Paulus die Leute zusammen und legte ihnen nah, endlich etwas zu essen: „Das ist nun schon der vierzehnte Tag, an dem wir nichts gegessen haben. Natürlich war uns auch nicht danach zumute, aber jetzt sollte sich jeder dazu zwingen, etwas zu sich zu nehmen. Ihr werdet für die bevorstehende Rettung alle Kräfte brauchen. Esst, und ihr dürft sicher sein, dass ihr aus dem Ganzen ohne einen Kratzer hervorgeht."

So brach er das Brot, dankte Gott und gab es an die Leute weiter, die nun kräftig zulangten. Alle zusammengerechnet waren wir zweihundertsechsundsiebzig Männer und Frauen.

Nachdem alle reichlich gegessen hatten, erleichterte man das Schiff noch einmal, indem man die gesamten Getreidevorräte über Bord warf. Als es endlich hell wurde, erblickten wir den Küstenstreifen, der aber niemandem bekannt war. Gleichzeitig bemerkten wir eine Bucht mit einem flachen Sandstrand.

Da beschlossen die Seeleute, das Schiff auf diesen Strand auflaufen zu lassen. Sie kappten die Ankertaue und auch die Seile, die das Ruder gehalten hatten, und setzten ein Vorsegel, sodass wir mit Rückenwind direkt auf den Strand zugetrieben wurden. Doch so weit kamen wir nicht. Noch ein ganzes Stück vom Ufer entfernt fuhren wir auf eine Sandbank auf.

Während der Bug festsaß, wurde das Heck von den herandonnernden Brechern zertrümmert.

Nachdem das Schiff zerstört war, fürchteten die Soldaten, dass ihre Gefangenen fliehen könnten, und wollten sie kurzerhand umbringen. Doch Julius wollte nicht, dass Paulus etwas geschah, darum verbot er es ihnen. So konnten alle sicher an Land kommen.

Zunächst stellten wir fest, dass es wirklich alle geschafft hatten. Dann fanden wir heraus, dass die Insel, auf der wir gestrandet waren, Malta hieß. Die dort lebenden Einheimischen waren außerordentlich freundlich zu uns. Der Tag war regnerisch und kalt, und wir waren bis auf die Knochen durchnässt und durchgefroren. Darum entfachten sie ein großes Feuer, an dem wir uns wärmen konnten.

Paulus wollte nachlegen und packte ein großes Bündel Reisig. Als er es aufs Feuer werfen wollte, schoss eine Giftschlange, die durch die Hitze aufgeschreckt worden war, daraus hervor und verbiss sich in seine Hand.

Als die Einheimischen das Tier an seiner Hand hängen sahen, sagten sie zueinander: „Dieser Mann muss ein Mörder sein, den die Rachegöttin jetzt doch noch bestraft hat, nachdem er dem Meer entkommen ist."

Paulus aber schüttelte die Schlange ab – direkt ins Feuer. Ihn schien das Geschehene überhaupt nicht zu beunruhigen, während die anderen darauf warteten, dass seine Hand anschwellen und er tot umfallen würde.

Als die kritische Zeit längst vorüber und nichts von alledem geschehen war, änderten sie ihre Meinung und sagten: „Das muss ein Gott sein!"

In der Gegend um unseren Landungsort gab es eine Reihe großer Landgüter. Sie alle gehörten einem gewissen Publius, der die einzige Autoritätsperson auf der Insel war. Dieser nahm uns in einem seiner Landgüter freundlich auf. Wir konnten uns trocknen und wurden während der nächsten drei Tage gut versorgt. Während dieser Zeit erkrankte der Vater von Publius schwer an der Ruhr, die von heftigen Fieberanfällen begleitet war. Paulus besuchte den alten Mann, und als er ihm die Hände auflegte und betete, wurde er geheilt.

Die Nachricht von dieser Heilung verbreitete sich wie ein Lauffeuer, und schon bald kamen alle anderen Inselbewohner, die krank waren, zu ihm und wurden geheilt.

Drei Monate blieb die gestrandete Mannschaft auf Malta, im Frühjahr konnte Paulus dann seine Reise nach Rom fortsetzen. In Rom angekommen, wurde er unter Hausarrest gestellt, durfte aber Besucher empfangen, so viel er wollte. So lebte er zwei Jahre lang in Rom und nutzte die Zeit so gut er konnte, um die Frohe Botschaft von Jesus an seine Besucher weiterzugeben. Auch schrieb er eine Reihe von Briefen an die Gemeinden, die er gegründet hatte. Einige sind uns erhalten geblieben.

Noch einmal wurde er freigelassen, ging wieder auf eine Missionsreise, wurde aber kurz darauf erneut gefangen genommen und diesmal in Rom ins Gefängnis geworfen. Ein neuer Kaiser, Nero, war an die Macht gekommen und dieser machte mit Christen kurzen Prozess. So ließ er auch Paulus genau wie Petrus ohne Prozess hinrichten.

Es begann eine Zeit schrecklicher Christenverfolgung, Tausende wurden gefoltert oder stillten die Sensationsgier der Zuschauer, wenn sie von Löwen in der Arena zerrissen wurden. Doch egal, was die Mächtigen auch unternahmen, die Zahl derer, die an Jesus glaubten, wuchs immer schneller.

Kapitel 31

Das Ende der Zeit

Ein verwirrender Blick in eine neue Welt

Unter den ersten Christen war ein Prophet, der wie sein großer Namensvetter (der Jünger Jesu, der das vierte Evangelium verfasst hat) Johannes hieß. Ihm schenkte Gott tiefe Einblicke in das, was ist, aber auch in das, was noch kommen wird. Alles, was er in seinen Visionen sah und hörte, schrieb er auf. Viele seiner Symbole und Erlebnisse werden bis heute sehr verschieden gedeutet, und manches muss man unkommentiert stehen lassen, weil es von einer Welt jenseits unserer Welt spricht, die wir uns nicht vorstellen können. Eines war aber schon für die Menschen zu seiner Zeit sehr tröstlich: Gott trägt am Ende den Sieg über alles Böse davon.

Dieses Buch ist die Offenbarung Jesu Christi, die ihm von Gott gegeben wurde, damit er sie denen mitteile, die ihm auf Erden dienen und die wissen sollen, was schon in naher Zukunft geschehen wird. Darum hat Jesus seinem Diener Johannes einen Engel gesandt. Johannes selbst hat das Wort Gottes treu bezeugt und hier als Augenzeuge der Ereignisse um Jesus aufgeschrieben, was er gesehen und erlebt hat. Wer diese prophetischen Worte liest oder sie hört und entsprechend handelt, der darf sich glücklich schätzen. Denn die Zeit ist nah, in der sich all das Gesagte erfüllen wird.

Ich, Johannes, möchte zunächst jeder der sieben Gemeinden in der Provinz Asia eine Botschaft von Gott mitteilen. Ich wünsche euch die Gnade und den Frieden von dem, der ist und der war und der kommen wird, dazu von den sieben Geistwesen, die vor seinem Thron stehen, und von Jesus Christus, dem treuen Zeugen. Er stand als Erster vom Tod auf und herrscht über die Könige der Welt. Ihm, der uns geliebt und erlöst hat, der uns durch sein Leiden und Sterben nicht nur von unserer Schuld befreit hat, sondern uns für Gott, seinen Vater, zu einem königlichen Volk von Priestern gemacht hat, ihm sei die Ehre und die Macht von Ewigkeit zu Ewigkeit! Amen.

Gebt acht, er wird auf Wolken kommen, und alle Menschen werden ihn mit eigenen Augen sehen, selbst die, die ihn damals umgebracht haben. Ja, ihr werdet erleben, dass alle Völker der Erde bei seinem Anblick jammern und klagen werden.

„Ich bin das Alpha und das Omega, der Anfang und das Ende", spricht der Herr, „der allmächtige Gott, der ist und der war und der kommen wird."

Ich, Johannes, habe als euer Bruder genauso gelitten wie ihr, aber ebenfalls das Glück erfahren, einem solchen König dienen zu dürfen, auch wenn das hieß, geduldig auf sein Kommen zu warten.

Es war am Tag des Herrn, und ich betete gerade, als ich hinter mir eine Stimme vernahm, die mir mit der Lautstärke einer Posaune etwas zurief: „Was du jetzt hören und sehen wirst, das schreibe auf, und schicke es an die sieben Gemeinden in der Provinz Asia!"

Ich wandte mich um, um zu sehen, wer mich da angesprochen hatte, und sah sieben goldene Leuchter und zwischen ihnen eine Gestalt, die dem Menschensohn glich. Er war mit einem Gewand bekleidet, das bis zu den Füßen reichte und von einem goldenen Gürtel zusammengehalten wurde. Seine Haare waren so hell wie schneeweiße Wolle, und seine Augen glichen Feuerflammen. Seine Füße sahen aus, als hätte man Golderz in einem Ofen glühend erhitzt. Seine Stimme klang wie der Donner eines Wasserfalles. In seiner rechten Hand hielt er sieben Sterne und aus seinem Mund kam ein scharfes, zweischneidiges Schwert hervor. Seine gesamte Gestalt strahlte so stark wie die Sonne.

Kaum hatte ich seine Erscheinung wahrgenommen, da fiel ich ihm wie tot zu Füßen. Doch er legte seine rechte Hand auf mich und sagte nur: „Fürchte dich nicht! Ich bin der Erste und der Letzte, ich war tot, doch jetzt bin ich lebendig und werde bis in alle Ewigkeit leben, denn ich allein verfüge über die Schlüssel des Todes und des Totenreichs. Schreib also auf, was du gesehen hast, was jetzt gerade geschieht und was in Zukunft sein wird."

Und Johannes schrieb genau auf, was Jesus den einzelnen Gemeinden in Kleinasien zu sagen hatte. Es zeigte sich, dass er jede sehr genau kannte. Die eine musste er ermutigen, die andere zurechtweisen. Besonders bewegend ist, dass er einer Gemeinde, die großartig funktionierte, traurig vorwarf, sie habe ihre erste Liebe zu ihm verloren ...

Danach sah ich am Himmel eine weit geöffnete Tür, und dieselbe Stimme, die mich schon zuvor mit der Lautstärke einer Posaune angeredet hatte, rief mir von oben herab zu: „Komm herauf zu mir, damit ich dir zeigen kann, was in Zukunft geschehen wird."

Im selben Augenblick wurde ich im Geist dorthin versetzt, und ich sah mitten im Himmel einen Thron, auf dem jemand saß. Wie soll ich nur sein Aussehen beschreiben?! Der dort auf dem Thron saß, glich einem Jaspis und einem Karneol. Über seinem Thron wölbte sich ein Regenbogen, der wie ein Smaragd funkelte.

Weiter sah ich noch vierundzwanzig andere Throne neben ihm, auf dem vierundzwanzig Älteste saßen, die weiße Gewänder trugen und auf ihren Häuptern goldene Kronen. Von dem Thron in der Mitte gingen Blitze und eine Stimme, die so laut war wie ein Donner, aus. Vor dem Thron brannten sieben Fackeln, die sieben Geister Gottes, ansonsten sah ich ein gläsernes Meer, das sich wie ein Kristall vor dem Thron ausbreitete.

Direkt vor dem Thron in der Mitte eines Kreises standen vier Wesen, die vorne und hinten mit Augen bedeckt waren. Und das erste von ihnen sah aus wie ein Löwe, das zweite wie ein junges Rind, das dritte hatte ein menschliches Gesicht und das vierte glich einem fliegenden Adler. Jedes dieser vier Wesen hatte sechs Flügel und war, wie gesagt, ringsum mit Augen bedeckt. Sie gönnten sich Tag und Nacht keine Ruhe und beteten Gott unablässig an: „Heilig, heilig, heilig ist der Herr, Gott der Allmächtige, der war und ist und kommen wird!"

Und jedes Mal, wenn die vier Wesen dem, der auf dem Thron saß, ihre Dankbarkeit in Lob- und Dankgebeten ausdrückten, fielen die vierundzwanzig Ältesten auf ihr

Angesicht nieder vor dem, der auf dem Thron sitzt und bis in alle Ewigkeit lebt. Sie beteten ihn an, indem sie ihre Kronen vor ihm niederlegten und bekannten: „Würdig bist du, unser Herr und Gott, alle Herrlichkeit und Macht zu empfangen, weil du das All geschaffen hast, ja, dass du es überhaupt gewollt hast."

Johannes der Täufer hatte bereits Jesus als das Lamm Gottes bezeichnet, und die Jünger erkannten im Nachhinein, dass er das eigentliche Passalamm war, das geschlachtet werden musste, damit die Israeliten (und nicht nur sie ...) am Leben blieben. In seiner Vision sah Johannes, wie dieses Lamm im Zentrum der himmlischen Verehrung stand, weil durch das „geopferte Lamm" die gesamte Menschheit die Möglichkeit bekommen hatte, eine Ewigkeit mit Gott zu verbringen.

Und natürlich bekam er auch ein Bild, wie diese Ewigkeit aussehen könnte. Ein Bild, das nur eines weitergab: Versuch es erst gar nicht, dir die kommende Herrlichkeit vorzustellen!

Da sah ich einen neuen Himmel und eine neue Erde, denn den ersten Himmel und die erste Erde mitsamt ihren Meeren gab es ja nicht mehr.

Und aus dem Himmel, direkt von Gott, sah ich die Heilige Stadt, das neue Jerusalem, herabkommen, vorbereitet und geschmückt wie eine Braut für ihren Bräutigam. Dazu hörte ich eine laute Stimme, die direkt vom Thron kam: „Schaut her, die Wohnung Gottes unter den Menschen. Gott wird bei den Menschen wohnen, die zu ihm gehören. Er wird ihr Gott sein und jede ihrer Tränen wegwischen. Es wird keinen Tod mehr geben, keine Trauer, kein

Geschrei noch irgendein Leid, denn das, was einmal war, wird endlich vorüber sein."

Und der, der auf dem Thron saß, sagte: „Schaut, ich werde alles neu machen!"

Und ein Engel führte mich im Geist auf einen mächtigen, hohen Berg, von dem aus er mir die Heilige Stadt Jerusalem zeigte, die direkt vom Himmel auf die Erde hinabgekommen war. Sie war von der Herrlichkeit Gottes erfüllt. Der Glanz ihres Lichtes glich einem überaus kostbaren Stein, wie etwa einem Jaspis, der wie ein Kristall geschliffen wurde.

Diese Stadt hatte eine hohe Mauer und zwölf Tore. Auf jedem der Tore stand der Name eines Engels: Es waren die Namen der zwölf Stämme Israels. Drei Tore zeigten nach Osten, drei nach Norden, drei nach Süden und drei nach Westen. Die Mauer der Stadt hatte zwölf Grundsteine, auf denen die Namen der zwölf Apostel standen.

Der Engel, der mit mir redete, hielt ein goldenes Rohr als Messstab in seiner Hand, um damit die Stadt, ihre Tore und Mauern zu vermessen. Die Stadt war quadratisch angelegt. Länge wie Breite betrugen etwa 12.000 Stadien[*]. Die Höhe der Mauer betrug etwa 65 Meter.

Die Mauer war aus Jaspis errichtet worden, und die Stadt selbst war aus reinstem Gold, das so klar war wie Glas. Die zwölf Tore waren Perlen; jedes einzelne Tor bestand aus einer Perle. Und die Straßen der Stadt waren aus Gold, das so rein war wie klares Glas.

In dieser Stadt konnte ich allerdings keinen Tempel entdecken, denn der Herr, unser Gott, der Allmächtige,

---

[*] Jeweils etwa 2.300 Kilometer, was eine Fläche ergibt, die größer ist als die gesamte europäische Union.

und das Lamm sind für seine Bewohner der Tempel. Auch ist die Stadt nicht auf Sonne und Mond angewiesen, damit sie Tag und Nacht Licht hat, sondern in ihr ist es allein durch die Herrlichkeit Gottes hell. Das Lamm selbst ist das Licht, in dem die unzähligen Menschen aus allen Völkern leben.

Johannes versuchte, wie gesagt, zu beschreiben, was eigentlich nicht zu beschreiben ist. Er wollte vor allem denen, die unter Verfolgung zu leiden hatten, Mut machen, treu an der Seite des „Lammes" zu bleiben, um dann eines Tages mit ihm diese unvorstellbare Herrlichkeit zu erleben.

Aber da war noch eine letzte Botschaft, die für Christen aller Zeiten wichtig war und wichtig ist: Jesus wird wiederkommen.

Der Herr spricht: „Siehe, ich komme bald, und ich bringe den Lohn mit, um jedem das zu geben, was er verdient hat.

Ich bin das Alpha und das Omega, der Erste und der Letzte, der Anfang und das Ende. Gesegnet sind die, die ihre Kleider gewaschen haben im Blut des Lammes und dadurch das Anrecht erhielten, in die Stadt hineinzugehen und vom Baum des Lebens essen zu dürfen.

In dieser Stadt ist kein Platz mehr für niederträchtige, verdorbene Menschen, die schwarze Magie lieben, über Leichen gehen, Götzen dienen und durch und durch verlogen sind.

Ich, Jesus, habe meinen Engel gesandt, um euch Gemeinden das alles mitzuteilen. Ich bin der Sohn Davids, der strahlende Morgenstern."

Der Geist aber ruft zusammen mit der Braut: „Komm!"

Und wer das alles hört, der sage: „Komm!"
Wer Durst hat und trinken möchte, der nehme vom Wasser des Lebens. Er bekommt es geschenkt!
Jesus, der dies alles bezeugt, sagt: „Ja, ich komme bald!"
Und wir antworten: „Amen. Komm, Herr Jesus!"
Die Gnade unseres Herrn Jesus sei mit euch allen!

Dein Leben ist Teil einer großen Story.

Hast du den Durchblick in deinem Leben? Bekommst du die ganzen Anforderungen der Schule, der Eltern und deiner Freunde an dich auf die Reihe? Und vor allem: Kennst du den tieferen Sinn deines Lebens?

Über dir und um dich herum entwirft Gott, der Schöpfer, der Retter, der Vater die große Geschichte mit seinen Leuten, geschrieben von seiner Hand, getrieben von seiner Liebe, enthüllt nach seinem Zeitplan. Und du bist ein Teil davon!

Erlebe, was passiert, wenn Gottes Geschichte zu deiner ganz persönlichen Geschichte wird.

 Max Lucado · Gottes Geschichte mit dir. Für Teens
Paperback · 192 Seiten · ISBN 978-3-86591-728-7